Ulrike Krieg

Wortbildungsstrategien in der Werbung

Beiträge zur germanistischen Sprachwissenschaft

Herausgegeben von
Ludwig M. Eichinger
und
Hans-Werner Eroms

Band 18

BUSKE

Ulrike Krieg

Wortbildungsstrategien in der Werbung

Zur Funktion und Struktur von Wortneubildungen in Printanzeigen

BUSKE

Im Digitaldruck »on demand« hergestelltes, inhaltlich mit der Ausgabe von 2005 identisches Exemplar. Wir bitten um Verständnis für unvermeidliche Abweichungen in der Ausstattung, die der Einzelfertigung geschuldet sind. Weitere Informationen unter: www.buske.de/bod.

Bibliografische Information der Deutschen Nationalbibliothek

Die Deutsche Nationalbibliothek verzeichnet diese Publikation in der Deutschen Nationalbibliografie; detaillierte bibliografische Daten sind im Internet über ‹http://portal.dnb.de› abrufbar.

ISBN 978-3-87548-362-8

ISSN 0946-0578

www.buske.de

INHALTSVERZEICHNIS

Die vorliegende Arbeit ist eine geringfügig veränderte Fassung meiner Dissertation, die im August 2002 von der Philosophischen Fakultät der Universität Passau angenommen wurde.

Mein besonderer Dank gilt meinem Doktorvater Herrn Prof. Dr. Ludwig M. Eichinger. Er hat mein Interesse für das Thema Wortbildung geweckt und stand mir als Betreuer in jeder Phase der Arbeit mit Anregungen und Ermutigung zur Seite. Herzlich danken möchte ich ebenfalls meinem Zweitgutachter Herrn PD Dr. Thomas Fritz für hilfreiche Anmerkungen und Hinweise.

Weiterhin bedanke ich mich bei Prof. Dr. Dr. h.c. Helmut Schmalen, der mit zahlreichen konstruktiven Bemerkungen und Vorschlägen zu dieser Arbeit beigetragen hat.

Für die tatkräftige und moralische Unterstützung danke ich den Kolleginnen und Kollegen des „Sprachatlas von Oberbayern" Dr. Cordula Maiwald, Tatjana Lau, Isabel Knoerrich, Dr. Bernhard Stör und Matthias Walz sowie den studentischen Hilfskräften Daniela Blessing, Verena Imsel, Sabine Riedl und Martina Summer. Ganz herzlich sei hier Birgit Ramesberger gedankt, die meine Arbeit begleitet und schließlich Korrektur gelesen hat.

Für die umfangreichen Computerarbeiten, die für diese Untersuchung notwendig waren, bedanke ich mich bei Anja Schmid, die mir mit freundlicher Geduld zur Seite stand.

Familie und Freunden danke ich für viel Verständnis und ein stets offenes Ohr.

Für die Aufnahme der Arbeit in die Reihe „Beiträge zur germanistischen Sprachwissenschaft" möchte ich mich bei den Herausgebern herzlich bedanken.

Passau, im Dezember 2004   Ulrike Krieg

Ich weiß, dass Sie mir jetzt nicht glauben
werden, aber ich habe mich nicht nur wegen
des Geldes für diesen Beruf entschieden. Ich
erfinde gern Sätze. Kein anderes Metier verleiht den Worten so viel Macht. Werbetexter
sind Verfasser verkäuflicher Aphorismen.
Auch wenn ich hasse, was aus mir geworden
ist, muss ich einräumen, dass man sich nir-
gends sonst drei Wochen lang wegen eines
Adverbs anschreien kann. »Ich träume von einer Welt, in der man für ein Komma stirbt«,
schrieb Cioran; ob er wohl ahnte, dass er von
der Welt der Texter und Konzeptioner sprach?
(Frédéric Beigbeder, Neununddreißig neunzig
39,90)

EINLEITUNG

Sprachliche Äußerungen bestehen nicht allein aus der Kombination bereits vorhandener sprachlicher Mittel, sondern auch in der Produktion neuer sprachlicher
Elemente. Vor allem der Bereich der Wortbildung eröffnet im Deutschen zahlreiche Möglichkeiten, innerhalb des produktiven Sprachgebrauchs nicht nur auf bereits existierende sprachliche Zeichen zurückzugreifen, sondern vielmehr neue
sprachliche Einheiten – nach bestimmten Regeln – zu erzeugen. In der vorliegenden Arbeit werden die Wortneubildungen der Werbesprache untersucht. Dabei erfolgt die Betrachtung der einzelnen Strukturtypen in Zusammenhang mit einer
funktionalen Analyse, da nur aufgrund übereinstimmender Funktionen der neuen
Wörter signifikante Häufungen bestimmter Strukturmerkmale als aussagekräftig
gelten können.

Die Sprache der Werbung ist eine genuin pragmatische Textform. Werbetexte
sind Gebrauchstexte, die im Hinblick auf ein praktisches, meistens ökonomisch
begründetes Erfordernis geschrieben werden. Sie sollen deshalb im Folgenden unter pragmatischem Aspekt beschrieben werden, was bedeutet, dass die Beziehung
zwischen den sprachlichen Zeichen und ihren Benutzern im Zentrum der Betrach-
tungen liegen muss. Werbetexte müssen in diesem Zusammenhang als Sprach-
handlungen angesehen werden, die von einem Werbetreibenden als Sender ausgehen und an einen Konsumenten als Empfänger gerichtet sind.

Sollen nun einzelne sprachliche Besonderheiten von Werbetexten analysiert werden, so bedarf es für deren genaue Interpretation stets einer ganzheitlichen Berücksichtigung der Entstehungs- und Rezeptionsbedingungen der jeweiligen Werbebotschaft. Im 1. Kapitel wird deshalb zunächst auf die heutigen Rahmenbedingungen der Werbung, die Arten werblicher Zielsetzungen und Zielgruppen sowie auf die Prozesse der Werbewirkung eingegangen.

In Kapitel 2 werden die allgemeinen Merkmale von Werbetexten dargestellt, wodurch deutlich wird, dass es sich bei den untersuchten Wortneubildungen nur um einen Ausschnitt der werbesprachlichen Wirklichkeit handelt.

Kapitel 3 skizziert die wortbildungstheoretischen Grundlagen der Untersuchung. Besondere Berücksichtigung finden dabei diejenigen Modelle, die in Bezug auf das untersuchte Korpus eine hohe Produktivität aufweisen.

Das 4. Kapitel widmet sich der detaillierten Korpusanalyse, wobei die Frage im Vordergrund steht, mit welchen Intentionen die Werbetreibenden bei den gegenwärtigen Markt- und Kommunikationsgegebenheiten Wortneubildungen als sprachliches Mittel einsetzen. Diesbezüglich muss jedoch davon ausgegangen werden, dass Werbetreibende zum einen sehr bewusst sprachliche Gestaltungstechniken einsetzen, mit denen sie ganz bestimmte Wirkungen beim Rezipienten erzielen wollen. Zum anderen können gewisse sprachliche Gestaltungsmittel von den Werbern auch eher intuitiv oder zufällig verwendet werden, wenn sie sich beispielsweise an Muster anlehnen, die in Werbetexten besonders häufig sind. Schließlich soll betont werden, dass die in dieser Arbeit unterstellten Absichten der Werbetreibenden stets potentiellen Charakter haben.

1.1   Die Kommunikationspolitik im Rahmen des Marketings

Unter Marketing ist ein Prozess im Wirtschafts- und Sozialgefüge zu verstehen, durch den Einzelpersonen und Gruppen ihre Bedürfnisse und Wünsche befriedigen, indem sie Produkte und andere Dinge von Wert erzeugen, anbieten und miteinander austauschen.[1] Bezogen auf Transaktionen umfasst Marketing die Planung, Realisierung und Kontrolle von Programmen, mit deren Hilfe gewünschte Austauschprozesse mit ausgewählten Märkten geschaffen, aufgebaut und aufrechterhalten werden sollen, um betriebswirtschaftliche Ziele zu verwirklichen.[2]

In diesem Zusammenhang ist zwischen strategischem und operativem Marketing zu unterscheiden. Strategische Marketingplanung beinhaltet die Festlegung von Geschäftsfeldzielen, Geschäftsfeldstrategien und Marktteilnehmerstrategien sowie die Ableitung des zur Strategierealisation notwendigen Marketingbudgets.[3] Operatives Marketing beinhaltet die ziel- und strategieadäquate Ausgestaltung des Marketinginstrumentariums. Als Handlungsmöglichkeiten (Planungsansätze) können dabei vier verschiedene Instrumentalbereiche unterschieden werden: Produktpolitik, Kontrahierungspolitik, Distributionspolitik und Kommunikationspolitik. Die drei erstgenannten Instrumentalbereiche sollen hier nur kurz beschrieben werden; auf die Kommunikationspolitik wird im Folgenden näher eingegangen.

Die Produktpolitik umfasst alle Entscheidungen, die die erstmalige und laufende Gestaltung der Absatzleistungen betreffen. Dazu gehören die Entwicklung neuer Produkte, die Produktvariation, -differenzierung sowie die Produkteliminierung.

Zur Kontrahierungspolitik gehören Preis- und Konditionenpolitik, d.h. alle vertraglich fixierten Vereinbarungen über das Entgelt des Leistungsangebotes, über mögliche Rabatte und darüber hinausgehende Lieferungs-, Zahlungs- und Kreditierungsbedingungen.

Die Distributionspolitik, zu unterscheiden in Vertriebs- und Verkaufspolitik, bezieht sich auf die Gesamtheit aller Entscheidungen und Handlungen, die die Übermittlung von materiellen bzw. immateriellen Leistungen vom Herstellerunternehmen zum Endverbraucher betreffen.[4]

Die Kommunikationspolitik beschäftigt sich mit der bewussten Gestaltung aller auf den Marktteilnehmer gerichteten Informationen, die das Verhalten aktueller und potentieller Kunden beeinflussen sollen.

---

[1] Vgl. KOCH (1999:1ff.), KOTLER / BLIEMEL (1992:15).
[2] Vgl. BERNDT (1995:2).
[3] Vgl. MEFFERT (1994:25).
[4] Vgl. MEFFERT (1997:40ff.).

Aufgrund der steigenden Homogenisierung der Produkte[5] und des zunehmend gleichartigen Einsatzes der Marketinginstrumente ist es mittlerweile vielfach kaum noch möglich, sich über den Einsatz von Produkt-, Kontrahierungs- oder Distributionspolitik von der Konkurrenz abzuheben. So wird versucht, durch den Einsatz von Kommunikation strategische Wettbewerbsvorteile zu erzielen, da die Realisierung einer Unique Selling Proposition in zunehmendem Maße von der Erzielung einer Unique Communication Proposition abgelöst wird.[6]

Gegenstand der Kommunikationspolitik sind Entscheidungen über die Gestaltung und die Art der Übermittlung von Informationen, die seitens eines Unternehmens auf den Absatzmarkt gerichtet sind, um vorgegebene Ziele zu erreichen.[7] Dabei kann zwischen ökonomischen, psychologischen und streutechnischen Zielen unterschieden werden. Ökonomische Kommunikationsziele beziehen sich auf ökonomische Größen wie Gewinn, Kosten, Absatzmenge, Marktanteil oder Kapitalwert. Psychologische und streutechnische Kommunikationsziele basieren auf Modellen der individuellen Werbewirkung, in denen der Prozess vom Kontakt mit einem Werbemittel bis hin zur abschließenden Kaufhandlung beschrieben wird. Bezugspunkte für psychologische Kommunikationsziele können die durch Werbemittelkontakte ausgelösten psychischen Phasen wie Aufmerksamkeit, Bekanntheit, positive Einschätzung, Bevorzugung und Kaufabsicht sein, so z.B. die Steigerung der Bekanntheit innerhalb der Planungsperiode um einen bestimmten Prozentsatz. Basis für streutechnische Kommunikationsziele ist der Kontakt mit einer Kommunikationsmaßnahme, wie beispielsweise die Maximierung der Zahl der Ansprachen oder der gewichteten Kontaktsumme.[8]

Den übergeordneten Rahmen für die Marktkommunikation bildet die Corporate-Identity-Policy, die eine gewisse Eigenart bzw. Einmaligkeit eines Unternehmens, eine Corporate Identity, anstrebt. Die Kommunikationspolitik muss deshalb sowohl die klassischen als auch die neueren Kommunikationsinstrumente (Product-Placement, Programmsponsoring, Event-Marketing usw.) inhaltlich und formal aufeinander abstimmen, um ein einheitliches Erscheinungsbild des Unternehmens zu ermöglichen.

Klassische Instrumente der Kommunikationspolitik sind die Medienwerbung, die Direct Communications, die Public Relations und die Sales Promotion. Sie unterscheiden sich in Bezug auf die Art der Übermittlung von Informationen in direkte und indirekte, einseitige und zweiseitige Kommunikation, je nachdem, ob die Kommunikation an ein disperses Publikum gerichtet ist bzw. Rückkopplungsmöglichkeiten für die Kommunikationsteilnehmer bestehen. Demzufolge sind Medienwerbung und Public Relations als Formen der Massenkommunikation dadurch gekennzeichnet, dass die Botschaften indirekt, mit Hilfe technischer Ver-

---

[5] Vgl. Kap.1.2.2.
[6] Vgl. BRUHN (1997:72).
[7] Vgl. BERNDT in ALTOBELLI (1993:243).
[8] Vgl. BERNDT (1993:10).

breitungsmittel und einseitig an ein disperses Publikum herangetragen werden. Demgegenüber sind Direktwerbung und Sales Promotion Formen der Individualkommunikation, bei denen die Vermittlung der Informationen direkt, zweiseitig und mit Rückkopplungsmöglichkeiten für die Kommunikationspartner erfolgt.[9]

Charakteristisch für die Medienwerbung ist, dass für die Übermittlung der Informationen Werbeträger (Medien) und Werbemittel eingesetzt werden, dabei erfolgt die Ansprache der Zielpersonen indirekt und unpersönlich. Innerhalb der Kommunikationspolitik hat die Werbung – vor allem in Konsumgütermärkten – den größten Stellenwert.[10]

1.2 Zur Charakterisierung der Werbung

1.2.1 Definition

Werbung kann definiert werden als „jede bezahlte Form nichtpersönlicher Präsentation und Förderung von Ideen, Gütern oder Dienstleistungen in Massenmedien wie Zeitungen, Zeitschriften, Fernsehen oder Hörfunk durch einen identifizierbaren Werbetreibenden“.[11] Sie wird von Unternehmen benutzt, um Informationen über Produkte und Dienstleistungen, das Unternehmen selbst oder seine Verhaltensweisen gegenüber Zielpersonen zu übermitteln, mit dem Ziel, eine Reaktion auszulösen.

Für den Konsumenten stellt Werbung viel mehr dar als nur ein vom Unternehmen zur Verfügung gestelltes Informationspotential, sie dient auch als Zeitvertreib. Dieser nicht zu unterschätzende Unterhaltungsnutzen ist häufig eng verbunden mit der Vermittlung emotionaler Erlebnisse für den Konsumenten.[12]

Zudem liefert der Einsatz von Mediawerbung Verhaltensmodelle, an denen die Konsumenten ihre Verhaltensmuster ausrichten können, wobei die Orientierung an solchen Verhaltensmodellen eine Vereinfachung oder Substituierung eigener Entscheidungen bewirkt.

Das heißt, die klassische Werbung übernimmt im sozial-gesellschaftlichen Umfeld eine Vielzahl von Funktionen, indem sie dem Konsumenten Informationen für Konsumentscheidungen, Normen für das Konsumverhalten und emotionale Konsumerlebnisse vermittelt sowie zum Zeitvertreib und zur Unterhaltung dient.[13]

---

[9] Vgl. SCHWEIGER / SCHRATTENEGGER (1992:9ff.).
[10] Vgl. ALTOBELLI (1993:243).
[11] KOTLER ET AL. (1999:709).
[12] Vgl. KROEBER-RIEL / WEINBERG (1999:583f.).
[13] Vgl. BRUHN (1997:193).

1.2.2 Rahmenbedingungen der Werbung

Als die heutigen Rahmenbedingungen der Werbung sind vor allem Informationsüberlastung, gesättigte Märkte, zunehmende Differenzierung der Nachfragerseite und häufiges Low-Involvement der Konsumenten anzusehen.[14]

Die wichtigste Kommunikationsbedingung ist die Informationsüberlastung oder der Informationsüberschuss, d.h. der Anteil der nicht beachteten Informationen an den insgesamt angebotenen Informationen.[15] KROEBER-RIEL[16] gibt die gesamtgesellschaftliche Informationsüberlastung für die Bundesrepublik Deutschland mit 98% an. Sie wird von Jahr zu Jahr größer, da einerseits das Informationsangebot steigt, weil neue Anbieter und neue Medien hinzukommen, andererseits der Medienkonsum der deutschen Konsumenten nicht wesentlich zugenommen hat. Die Konsumenten werden quantitativ mit immer mehr Kommunikationsangeboten konfrontiert, was zu einer Überlastung an Informationen führt, die nicht nur werbebedingt ist, sondern auf das allgemeine Überangebot an Informationen zurückzuführen ist.[17]

Bezüglich der Verteilung der Informationsüberlastung auf die wichtigsten Medien entfallen 99% auf Rundfunk, 97% auf Fernsehen, 94% auf Zeitschriften und 92% auf Zeitungen.[18] Das heißt, fast alle der durch ein Medium angebotenen Informationen erreichen die vorgesehenen Empfänger nicht und bleiben unwirksam.

Für die Werbung wird die Informationsüberlastung bei den gedruckten Medien auf 95%, bei den elektronischen Medien noch höher eingeschätzt.[19] Das bedeutet, dass höchstens 5% der angebotenen Werbeinformationen vom Empfänger aufgenommen werden. Um beispielsweise die Informationen aufzunehmen, die eine Anzeige in Publikumszeitschriften enthält, müssten die Leser ca. 40 Sekunden aufwenden. Tatsächlich beträgt die durchschnittliche Betrachtungszeit 1,9 Sekunden für Anzeigen in Publikumszeitschriften.[20] Sie ist sogar in Fachzeitschriften, die eine spezielle Zielgruppe erreichen, nur wenig höher. Beispielsweise liegt die durchschnittliche Betrachtungszeit für Pharma-Anzeigen in einer Ärztezeitung bei weniger als drei Sekunden.

Folglich muss die Werbung, um diesen Informationsüberschuss zu überleben, auch dann wirksam werden, wenn sie nur flüchtig oder bruchstückhaft wahrgenommen wird, weshalb besondere Maßnahmen in Bezug auf die Gestaltung der Werbemittel und -botschaften notwendig sind.

---

[14] Vgl. BERNDT (1993:14).

[15] Vgl. KROEBER-RIEL (1993a:11).

[16] Vgl. KROEBER-RIEL (1987:14).

[17] Neben den nur eingeschränkt zur Verfügung stehenden Zeitressourcen zur Aufnahme von Werbebotschaften ist die begrenzte Gedächtniskapazität des Menschen der wichtigste nachfragerorientierte Grund für die allgemeine Informationsüberlastung. Vgl. BRUHN (1997:81f.).

[18] Vgl. KROEBER-RIEL (1993a:14).

[19] Vgl. KROEBER-RIEL (1993a:15).

[20] Vgl. KROEBER-RIEL / WEINBERG (1999:76).

Zu den marktspezifischen Rahmenbedingungen der Werbung gehören in zunehmendem Maße die Marktsättigung und die damit zusammenhängenden Verhaltensweisen der Konsumenten. Auf gesättigten Märkten ist das Marktpotential weitgehend ausgeschöpft, Marktanteilssteigerungen sind daher nur noch auf Kosten der Konkurrenten möglich.[21] Die Produkte auf gesättigten Märkten sind im Allgemeinen ausgereift und weisen kaum noch innovative Eigenschaften auf, so dass sich die objektive und funktionale Qualität der verschiedenen Produkte und Dienstleistungen immer mehr angleicht. Diese geringen Qualitätsunterschiede führen zu austauschbaren Angeboten, angefangen von Produkten wie Bier, Zigaretten, Waschmittel bis hin zu bestimmten Autoklassen sowie den Dienstleistungsangeboten von Banken und Versicherungen. Die verschiedenen Anbieter können sich unter diesen Marktbedingungen deshalb kaum noch auf objektive Produkt- und Leistungsvorteile gegenüber ihrer Konkurrenz berufen.[22]

Dadurch verlieren die Produktinformationen bestehend aus Angaben über geringe oder triviale Qualitätsunterschiede für den Konsumenten an Bedeutung, sein Informationsinteresse lässt nach. Im Mittelpunkt der Werbung stehen daher nur noch selten Informationen über die sachliche Qualität eines Produktes, sondern häufiger die Vermittlung eines emotionalen Zusatznutzens. Dieser Zusatznutzen kann v.a. durch die unter den gegenwärtigen Kommunikationsbedingungen vorteilhafte bildhafte Kommunikation aufgebaut werden und ermöglicht eine (emotionale) Differenzierung gegenüber den Konkurrenzprodukten.[23]

Ein weiteres Merkmal gesättigter Märkte ist die Marktdifferenzierung, die gekennzeichnet ist durch eine zunehmende Polarisierung und Differenzierung der Konsumwünsche. Um die Abnehmer mit einem Produkt oder einer Dienstleistung besser zu erreichen, wird der Gesamtmarkt in verschiedene Marktsegmente, sog. Zielgruppen, aufgeteilt. Zielgruppen sind Gruppen von Abnehmern mit gleichen oder ähnlichen Verhaltensweisen. Sie werden nach soziodemographischen Kriterien (Alter, Geschlecht, Einkommen, Beruf, Bildung, Familienstand etc.), psychologisch-soziologischen Kriterien (Persönlichkeitsmerkmale, Lebensstil, Wertvorstellungen, Meinungen etc.) sowie nach Kriterien, die sich an Kauf-, Verbrauchs- und Kommunikationsmerkmalen orientieren (Verwender oder Nichtverwender, Preis- und Markenbewusstsein, Erst- oder Wiederholungskäufer etc.), bestimmt[24] (vgl. Kap.1.2.3.3). Um die verschiedenen Marktsegmente durch Werbung wirksam anzusprechen, werden erstens Medien genutzt, die sich an die jeweiligen Zielgruppen richten; zweitens werden Werbemittel und Werbebotschaft zielgruppenspezifisch gestaltet.

---

[21] Vgl. SANDER (1993:265f.).
[22] Vgl. KROEBER-RIEL (1993a:20).
[23] Vgl. SANDER (1993:266).
[24] Vgl. SANDT / ROHDE (1993:321f.).

1.2.3 Ziele und Zielgruppen der Werbung

1.2.3.1 Werbeziele

Werbeziele bilden die Grundlage für die aktive Planung und Durchführung einer Werbekampagne. Sie werden – wie jede Zielsetzung geplanten Verhaltens in Unternehmen oder Institutionen – formuliert, um das werbliche Handeln auf ganz bestimmte Resultate auszurichten. Durch sie soll der Werbung eine klare und spezifizierte Richtung vorgegeben werden, an der sämtliche Werbeentscheidungen (Zielgruppenwahl, Botschaftsgestaltung, Medienwahl, Budgetierung, Intensität der Medienbelegung und deren Timing) zu orientieren und zu bewerten sind.[25]

Damit spezifische Werbeziele aus den verfolgenswerten kommunikationspolitischen Zielen oder allgemeinen Marketingzielen herausgelöst werden können, müssen sie so formuliert werden, dass ein Zielerreichungsgrad als Erfolg oder Misserfolg eindeutig oder zumindest vorwiegend den Werbemaßnahmen zugerechnet werden kann.[26] So genannte rein ökonomische Ziele, wie z.B. Gewinn-, Umsatz- oder Kostenkonsequenzen eignen sich deshalb nicht als Werbeziele, weil sie durch den kompletten Marketingmix des werbetreibenden Anbieters beeinflusst werden und nicht ausschließlich oder dominant durch Werbung herbeigeführt werden.[27] Außerdem können Werbetreibende aus ökonomischen Zielen kaum Handlungsimpulse oder situationsspezifische Ideen für die Gestaltung von Werbebotschaften ableiten, d.h. ihnen fehlt „die selektive Steuerungskraft, das werbliche Handeln in eine spezielle Richtung zu lenken".[28]

Es sind also nur solche Werbeziele als tauglich anzusehen, die wünschenswerte Konsequenzen des werblichen Handelns beschreiben und außerdem eine selektive Steuerungskraft bezüglich der zu ergreifenden werblichen Maßnahmen aufweisen.

Werbezielrelevante Konsequenzen der Werbung bestehen erstens in der Herstellung von Kontaktchancen bzw. Kontakten zwischen Adressaten der Werbung und eingesetztem Werbemittel bzw. Werbeträger, zweitens in der Entstehung von Werbewirkung als Reaktion der Adressaten auf werbliche Reize. Drittens können sie zur Erreichung übergeordneter Ziele im Sinne ökonomischer Größen wie Absatz, Umsatz, Gewinn etc. beitragen.[29] Sollen diese werblichen Konsequenzen als Ansatzpunkte zur Ableitung von Werbezielen dienen, zeigt sich – wie oben bereits erwähnt –, dass übergeordnete Konsequenzen, wie z.B. die Erreichung absatzpolitischer Zielsetzungen, die Anforderungen an taugliche Werbezielinhalte nicht erfüllen. Ihnen fehlt die hohe werbebedingte Reagibilität und die selektive

---

[25] Vgl. STEFFENHAGEN (1993:287).

[26] Vgl. KROEBER-RIEL (1993a:30f.).

[27] Vgl. STEFFENHAGEN (1993:287f.).

[28] STEFFENHAGEN (1993:288).

[29] Vgl. BRUHN (1997:242).

Steuerungskraft, um den weiteren Planungsprozess der Werbung zielorientiert ausrichten zu können.[30]

Grundsätzlich stellt die Realisierung von Werbekontakten bzw. Werbekontaktchancen die Voraussetzung dafür dar, dass Werbewirkungen entstehen können. STEFFENHAGEN[31] unterscheidet Werbewirkungen nach dem möglichen zeitlichen Abstand zwischen dem Werbereiz und der feststellbaren Reaktion der erreichten Person sowie nach der Art dieser Reaktion in momentane Wirkungen, dauerhafte Gedächtniswirkungen und finale Verhaltenswirkungen.

Momentane Wirkungen sind Reaktionen der Empfänger, die in unmittelbarem zeitlichen Zusammenhang mit dem Werbekontakt stehen. Dazu gehören Aufmerksamkeit, emotionale Vorgänge und Denkprozesse während des Kontakts mit einer Anzeige, einem Hörfunk- oder TV-Spot etc. Sie sind die Voraussetzung für dauerhafte Gedächtniswirkungen, womit Inhalte des Langzeitgedächtnisses gemeint sind, die das Bewusstsein und Denken des Empfängers längerfristig prägen. Dauerhafte Gedächtnisleistungen bestehen u.a. in Kenntnissen, Interessen, Einstellungen und Verhaltensabsichten. Sie sind werbezielrelevant, da sie in hohem Maße werbebedingt sind und eine hohe Steuerungskraft hinsichtlich des werblichen Handelns aufweisen.

Ein mögliches Werbeziel kann es also sein, bei den Zielpersonen durch Werbung bestimmte **Kenntnisse** aufzubauen oder wachzuhalten. Im Zentrum von Kampagnen kann z.B. die Vermittlung bestimmter Ereigniskenntnisse stehen, indem auf kommende Termine oder Veranstaltungen hingewiesen wird (Werbung für Bausparverträge mit dem Hinweis auf einen Stichtag, Ankündigungen für Messen o.ä.). Ein weiteres Ziel stellt der Aufbau von Werbekenntnissen in einer Zielgruppe dar. Dazu zählt das Wissen, dass für ein Unternehmen oder eine Marke etc. geworben wurde oder die Kenntnis der dabei eingesetzten Werbemittel und ihrer Elemente, wie z.B. die Erinnerung an den Slogan, an Jingles oder auftretende Personen. Ein häufig vorkommendes Werbeziel ist auch der Auf- oder Ausbau der Bekanntheit von Namen (Marken) oder Symbolen (Logos) beworbener Objekte. Außerdem soll Werbung in vielen Fällen Wissen über Produkteigenschaften (Produktkenntnis) vermitteln, so dass die Zielperson einem Werbeobjekt bestimmte Eigenschaften zuordnen kann (z.B. *Goretex ist wasserdicht, winddicht, atmungsaktiv.*).

Durch Werbung sollen häufig gegenstandsgerichtete oder eigenschaftsgerichtete **Interessen** bei den Werbeadressaten hervorgerufen oder verstärkt werden. Generelles Produktinteresse, markenbezogenes Probierinteresse, Besitz- oder Verwendungswunsch o.ä. stellen gegenstandsgerichtete Interessen dar. Eigenschaftsgerichtete Interessen werden geweckt, indem bestimmte Merkmale oder Eigenschaften eines Produkts als besonders beachtenswert dargestellt werden, um

---

[30] Vgl. ebd.

[31] Die folgende Beschreibung verschiedener Werbeziele beruht auf der Systematisierung von STEFFENHAGEN (1993:289ff.); vgl. dazu auch STEFFENHAGEN (1984:26ff.).

die Motivstruktur der Zielperson zu beeinflussen und z.B. sein Preisinteresse zu verringern (*Auf den Geschmack kommt es an!*).

Ziel vieler Werbemaßnahmen ist eine positive Beeinflussung der **Einstellung** zur Marke oder zum Produkt. Einstellungen als wertende Einschätzungen können entweder eine affektive, gefühlsbetonte (= emotionale) Disposition und/oder eine rationale, verstandesbetonte (= kognitive) Disposition aufweisen. Emotionale Dispositionen äußern sich als pauschales Mögen/Nichtmögen, Gefallen/Nichtgefallen, Vertrauen/Misstrauen oder Sympathie/Antipathie. Kognitive Dispositionen äußern sich im Sinne einer Einstufung als vorteilhaft/unvorteilhaft, gut/schlecht, vernünftig/unvernünftig, richtig/falsch u.ä. Die Beeinflussung der emotionalen Disposition wird auch als emotionale Werbung, die der kognitiven Disposition als informative Werbung bezeichnet. Einstellungen, die durch Werbung beeinflusst werden sollen, können sich dabei auf die Werbung bzw. die Werbemittel, die beworbene Marke, Institution o.ä. oder die zu beeinflussenden Verhaltensweisen richten. Einstellungsorientierte Werbung wird häufig auch als Imagewerbung bezeichnet, weil der Imagebegriff die Summe aller Einstellungen und Eindrücke, die mit einem Unternehmen verbunden werden, umfasst.

1.2.3.2 Die Involviertheit der Werbeadressaten

Im Rahmen einer Werbezielplanung muss zwischen mindestens zwei Typen von Werbeadressaten unterschieden werden: Zielpersonen, bei denen bezüglich Produkt, Marke, Unternehmen oder Einkaufsstätte ein hohes Involvement vorhanden ist, und solchen, bei denen ein niedriges Involvement vorliegt.[32]

Unter Involvement wird die innere Beteiligung, das Engagement verstanden, mit dem sich jemand einem Gegenstand oder einer Aktivität zuwendet.[33] Die vorhandene Intensität des Involvements kann in der Werbung auch als Aktivierung des Konsumenten aufgefasst werden, d.h. hohes Involvement ist mit starker Aktivierung verbunden, so dass es den Kunden anregt, sich gedanklich oder emotional mit einem Produkt oder einer Dienstleistung auseinander zu setzen.

Das Involvement wird von der Persönlichkeit des Konsumenten (Werte, Motive, Persönlichkeitszüge), dem Produkt (Preis, soziale Auffälligkeit, Risiken des Kaufs), der Werbemittel (Aktivierungskraft der Werbemittel), der Medien (Printmedien, elektronische Medien) und der Situation (Zeitdruck, Kauf- und Konsumsituation) beeinflusst. Abhängig davon, welche dieser Einflussgrößen im jeweiligen Fall dominiert, können verschiedene Arten des Involvements unterschieden werden, nämlich persönliches, reizabhängiges und situatives Involvement.[34]

Mit persönlichem Involvement ist ein bestimmtes Grundinteresse gemeint, das der Konsument schon aufgrund seiner sonstigen Interessen, seiner Bedürfnisstruk-

---

[32] Vgl. Bruhn (1997:246).
[33] Vgl. Kroeber-Riel (1993a:98).
[34] Vgl. Mayer / Illmann (2000:148f.), Kroeber-Riel (1993b:222ff.).

tur, seines Wertesystems etc. hat. Beispielsweise sind Konsumenten, bei denen der Umweltschutz einen wichtigen Stellenwert einnimmt, fast immer involviert, wenn es um den Kauf umweltbewusster Produkte geht.

Um reizabhängiges Involvement handelt es sich beim Produkt-, Werbemittel- und Werbeträgerinvolvement. So werden manche Formen der Involviertheit des Konsumenten davon bestimmt, welcher Reiz vom Produkt ausgeht, um welches Produkt es sich handelt. Jedoch ist das produktbezogene Involvement so zu verstehen, dass es nicht nur um das spezielle Produkt, sondern um die gesamte Produktklasse geht, die einen Einfluss ausübt. Das Produktinvolvement ist dabei immer dann hoch, wenn der Konsument erwartet, dass es Unterschiede zwischen den Marken gibt und er einen Fehler begehen könnte, wenn er diese nicht berücksichtigt. So ist vermutlich die Involviertheit des Konsumenten beim Kauf eines Schnürsenkels grundsätzlich geringer als beim Kleidungskauf, d.h., es können im allgemeinen Low- und High-Involvement-Produkte unterschieden werden, wobei zu letzteren normalerweise teure und langlebige Konsumgüter zu zählen sind. Daneben spielen auch solche Produkte eine nicht unwesentliche Rolle, die an bestimmte Interessen des Konsumenten gebunden sind und deshalb eine große „Ich-Beteiligung" auslösen, so genannte „special-interest"-Produkte.[35]

Außerdem kann ein Werbemittel- oder auch Reaktionsinvolvement vorliegen, das durch die Werbung selbst entsteht. In diesem Fall ist ein Spot oder eine Anzeige so wirkungsvoll, dass eine Zuwendung des Konsumenten hervorgerufen und seine Aufmerksamkeit erregt wird.

Rezipienten von Werbung unterscheiden sich schließlich durch divergente Involviertheit bei der Nutzung ihrer Medien, der Werbeträger. Beispielsweise ist die Zuwendung zum Medium Fernsehen normalerweise weniger stark als zu einer Zeitung, die man liest.

Manche Formen der Involviertheit des Konsumenten entstehen durch den Zwang, eine Entscheidung treffen zu müssen, als so genanntes situatives Involvement. Das Involvement ist dabei nicht von langer Dauer, sondern tritt kurzfristig auf, wenn ein Kunde in einer bestimmten Situation ein Produkt kaufen will. Hat ein Konsument zum Beispiel beschlossen, eine Spülmaschine zu erwerben, geht er seit diesem Augenblick anders mit Informationen zu Spülmaschinen um. Er ist einerseits eher bereit, sich überhaupt eine Meinung über Spülmaschinen zu bilden und nutzt andererseits zu dieser Meinungsbildung auch andere Informationen als zuvor.[36] Diese Art des Involvement entsteht durch den Entscheidungsdruck und wird stärker, wenn dieser steigt. Es besteht jedoch nur, solange der Kunde die Kaufabsicht hat und nimmt danach wieder drastisch ab.

Weitere Beispiele des situativen Einflusses auf das Involvement des Kunden stellen eine Vielzahl möglicher Umwelteinflüsse dar. So ist die Höhe der Involviertheit z.B. in starkem Maße davon abhängig, ob der Konsument mit dem Werbemittel allein oder in einer Gruppe konfrontiert wird.

---

[35] Vgl. FELSER (1997:65f.).
[36] Vgl. FELSER (1997:249).

Insgesamt ist festzustellen, dass die genannten Einflussgrößen in wechselseitiger Abhängigkeit zueinander stehen, wobei normalerweise die Kontaktsituation einen wesentlich stärkeren Einfluss auf das Werbemittelinvolvement ausübt als das Produktinteresse. Das heißt, ob und wie lange sich ein Konsument einem Werbemittel zuwendet, ist nicht in erster Linie davon abhängig, ob ein generelles Interesse an dem im Werbemittel beworbenen Produkt besteht, sondern vor allem davon, ob er sich im Augenblick dafür interessiert, ob er Zeit dazu hat. Das Produktinteresse beeinflusst nur in geringem Maße die Wahrnehmung von Werbespots oder -anzeigen. Es ist beispielsweise möglich, dass das Interesse für ein Produkt zwar hoch ist, zugleich die Werbung für dieses Produkt nur mit geringem Involvement wahrgenommen wird. Dies ist der Fall, wenn die anderen oben genannten Einflussgrößen das Produktinvolvement überkompensieren.[37]

Wird von dem eher seltenen Fall ausgegangen, dass bei den Zielpersonen der Werbung ein hohes produktbezogenes Involvement vorliegt, müssen für eine erfolgreiche Werbemittelgestaltung die wesentlichen Eigenschaften und Vorzüge des Produkts in den Vordergrund gestellt werden. Da es sich dabei in der Regel um hochpreisige und hochwertige Produkte (Auto, Hifi-Anlage) handelt, treffen die Konsumenten ihre Produktwahl mit hoher Ich-Beteiligung und hohem verstandesmäßigen Engagement. Entscheidend für den Kauf wirkt sich in solchen Fällen letztlich die kognitive Einstellung zum Produkt bzw. zur Marke aus, wobei mögliche emotionale Zusatzeffekte nicht ausgeschlossen sind. Die werbliche Zielsetzung sollte deshalb primär auf die Veränderung der kognitiven Markeneinstellung ausgerichtet sein, indem sie möglichst Eigenschaftskenntnisse vermittelt und/oder gewisse Eigenschaftsinteressen weckt.[38]

Unter High-Involvement-Bedingungen lassen sich Konsumenten vor allem von wesentlichen, zentralen Eindrücken, die das beworbene Produkt hinterlässt, beeinflussen. Viele eher nebensächliche, periphere Dinge, die sonst auch einen Einfluss auf das Urteil des Kunden gehabt hätten, treten zurück. So werden „bei hohem Involvement auch diejenigen Argumente noch geprüft, die von einem Experten stammen und die bei geringem Involvement weitgehend ungeprüft ihre Wirkung entfaltet hätten".[39]

In aller Regel ist das Interesse bei der Werberezeption jedoch niedrig, d.h., es handelt sich bei der Mehrzahl der Werberezipienten um low-involvierte Konsumenten, denen es aufgrund geringer Wertigkeit des Kaufs, geringer Unterscheidbarkeit einzelner Angebote bzw. geringen Produktinteresses ziemlich gleichgültig ist, was sie im Bedarfsfall kaufen. In solchen Fällen wird die angestrebte Produktwahl dominant von der Bewusstseinspräsenz der Marke, ihrer aktiven Markenbekanntheit, gesteuert. Daneben verläuft „eine diesen Vorgang ergänzende

---

[37] Vgl. BRUHN (1997:329).
[38] Vgl. STEFFENHAGEN (1993:297).
[39] FELSER (1997:250).

Wirkungsroute über die Werbeawareness, die emotionale Einstellung zur Werbung der Marke (z.B. ‚Diese Werbung macht Spaß‘), zur ebenfalls emotional geprägten Einstellung zur beworbenen Marke (‚Diese Marke ist mir sympathisch‘)".[40] Soll Werbung unter Low-Involvement-Bedingungen beeinflussen, muss die werbliche Zielsetzung daher schwerpunktmäßig auf die oben genannten Wirkungsvariablen konzentriert werden, so z.B. auf die Steigerung der aktiven Markenbekanntheit. Als mögliche Werbestrategien kommen vor diesem Hintergrund „emotionale Positionierung" oder „Positionierung durch Aktualität", die sog. Aktualisierungswerbung, in Frage.[41]

Bei low-involvierten Konsumenten ist normalerweise nicht von einer bewussten Zuwendung zu Werbemitteln, sondern von einer beiläufigen Wahrnehmung auszugehen. Low-involvierte Werberezipienten setzen sich kaum mit dem Inhalt der Werbebotschaft auseinander und entwickeln ihre Markenpräferenzen nicht aufgrund der Produktinformationen und Nutzenversprechen, sondern vielmehr über den äußeren Eindruck, den ein Werbemittel hinterlässt.[42] Sie können deshalb vor allem über den „peripheren Weg"[43] durch äußere Reize, wie die gefällige und unterhaltsame Gestaltung eines Werbemittels, die nichts mit den Inhalten der Werbebotschaft zu tun haben, beeinflusst werden. Dieser „periphere Weg der Beeinflussung" verläuft in zwei Stufen: In der ersten Stufe gefällt dem Rezipienten die äußere Erscheinung des Werbemittels, was zur Akzeptanz des Werbemittels führt. In der zweiten Stufe wird die Akzeptanz des Werbemittels auf den beworbenen Gegenstand, z.B. die Marke oder das Unternehmen, übertragen.[44]

1.2.3.3 Zielgruppen der Werbung

Als Zielgruppen können allgemein Personengruppen bezeichnet werden, „welche in Bezug auf das Konsumverhalten homogen sind, welche also gleiche bzw. sehr ähnliche Einkaufs- und Verbrauchsgewohnheiten aufweisen".[45]

Jede Art werblicher Aktivitäten sollte sich an den Wünschen, Erwartungen und Bedürfnissen der Konsumenten orientieren. Die Menge aller potentiellen Käufer und Verwender eines Produktes hat jedoch in aller Regel unterschiedliche Wünsche und Erwartungen und ist somit heterogen. Daher ist es erforderlich, möglichst homogene Käuferschichten offen zu legen und abzugrenzen, um einen gezielten Einsatz der Marketing-Instrumente zu ermöglichen. Durch die Bildung von Zielgruppen können Käufer in einem bestimmten Produktbereich differenziert angesprochen und die Werbemaßnahmen auf besonders relevante Marktsegmente (z.B. Intensivverwender) konzentriert werden. Die Beurteilung der Zielgruppe hat

---

[40] STEFFENHAGEN (1993:297).
[41] Vgl. STEFFENHAGEN (1993:297), KROEBER-RIEL (1993a:32ff.).
[42] Vgl. BRUHN (1997:330).
[43] Vgl. PETTY / CACIOPPO / SCHUMANN (1983:135ff.).
[44] Vgl. BRUHN (1997:331).
[45] BERNDT (1995:334f.).

deshalb entscheidenden Einfluss auf die Gestaltung der Werbemittel und die Wahl des Werbeträgers.

Bei traditionellen Marktsegmentierungen werden insbesondere demographische und sozio-ökonomische Kriterien berücksichtigt, wozu beispielsweise Alter, Geschlecht, Einkommen oder soziale Schicht zu zählen sind. Bei neueren Methoden der Zielgruppenanalyse, den sog. Lifestyle-Typologien, erfolgt die Marktsegmentierung auf der Basis des Lebensstils der Konsumenten. Ziel dieser Lifestyle-Typologien ist es, aufgrund diverser psychologischer Konsumentenmerkmale wie Charakter, Naturell, Grundeinstellung etc. Ähnlichkeitsstrukturen sowohl in den individuellen als auch in den Lebensstilen der jeweiligen Gruppen aufzudecken und zur Zielgruppenbeschreibung heranzuziehen.[46] Während bei Typologien auf der Grundlage von demographischen oder sozio-ökonomischen Konsumentenmerkmalen zwar deutliche Anhaltspunkte für die Wahl des Werbeträgers, aber aufgrund der eher abstrakten Beschreibung der Gruppen kaum Aufschlüsse über die Werbemittelgestaltung geliefert werden können, geben Lifestyle-Typologien differenzierte Hinweise darüber, in welcher Weise Werbemittel zu gestalten sind.[47]

In engem Zusammenhang mit der Zielgruppenbestimmung steht die Wahl des Werbeträgers, die Mediaselektion. Im Gegensatz zur Direktwerbung sind klassische Werbebotschaften nicht an Einzelpersonen adressiert, sondern sollen die Zielpersonen vor allem durch Anzeigen in Zeitungen oder Zeitschriften, durch Radio-, Fernseh- oder Kinospots sowie in Form von Außenwerbung (Plakate, Verkehrsmittelwerbung u.a.) erreichen. Die Mediaselektion soll im Idealfall dazu führen, dass nur die Menschen erreicht werden, die man aufgrund der Zielgruppenbestimmung erreichen möchte, und das so häufig, wie es für die erwünschte Werbewirkung sinnvoll ist. Dafür ist es zum einen notwendig, eine Auswahl zwischen den verschiedenen Medien zu treffen, zum anderen geht es um die engere Wahl, die Platzierung innerhalb eines Mediums (RTL oder ARD, zwischen Sport- oder Kindersendungen).[48]

1.2.4 Zu Werbewirkungsprozessen

1.2.4.1 Aufmerksamkeit und Wahrnehmung

„Das wahrnehmungspsychologische Grundproblem, dem sich Werbung gegenübergestellt sieht, besteht darin, dass die Wahrnehmung immer und zwangsläufig selektiv erfolgt."[49] Wahrgenommen wird vorrangig das, was in diesem Moment Aufmerksamkeit erregt. Unter Aufmerksamkeit wird die Bereitschaft eines Individuums verstanden, Reize aus seiner Umwelt aufzunehmen. Dabei können neben

---

[46] Vgl. BRUHN (1997:251).
[47] Vgl. BERNDT (1995:335ff.).
[48] Vgl. SCHNIERER (1999:38).
[49] SCHNIERER (1999:39).

der Wahrnehmung auch Gedächtnis und Denken von diesem Prozess beeinflusst werden, und umgekehrt können natürlich auch motivationale Zustände des Individuums die Aufmerksamkeit steuern.[50]

Aufmerksamkeit ist prinzipiell begrenzt, d.h., es können nicht unbegrenzt viele Dinge gleichzeitig beachtet werden. Kommt es zur Reizüberflutung, z.B. durch die Menge an Botschaften aus verschiedensten Medien, kann der Konsument seine Aufmerksamkeit nur einigen dieser Reize zuwenden und nur diese aufnehmen und verarbeiten. Aufmerksamkeit führt so zur Reizauswahl, wobei üblicherweise die starken Reize bevorzugt werden. Verbunden mit der Reizauswahl ist auch die Intensität der Aufmerksamkeit. So ist beispielsweise die einer bestimmten Werbeanzeige zugewandte Aufmerksamkeit im Allgemeinen größer oder schwächer als die, die einer anderen Anzeige geschenkt wird.[51] Aufmerksamkeit unterliegt jedoch nicht völlig der willentlichen Steuerung, sondern ist beeinflussbar. Für die Werbepsychologie ist die Steuerung von Aufmerksamkeit eine zentrale Frage, der erste Schritt des AIDA-Modells besteht ja auch darin. Wenn sich ein Angebot gegen ein anderes durchsetzen soll, dann muss es zunächst im Aufmerksamkeitsbereich des Kunden liegen.[52] Das heißt bevor eine Werbewirkung erzielt werden kann, ist es notwendig, beim Konsumenten bestimmte Aktivierungsvorgänge auszulösen, ihn aufmerksam zu machen. Zur gezielten Auslösung von Aktivierungsvorgängen stehen Reize zur Verfügung, die unterschieden werden in innere und äußere. Innere Reize sind z.B. Stoffwechselvorgänge oder gedankliche Aktivitäten, äußere Reize sind Töne, Gerüche, Bilder, Texte etc. Um die Wirkung der werblichen Kommunikation zu erhöhen, kann der Konsument bei geeigneter Gestaltung der Werbemittel gezielt durch äußere Reize aktiviert und dadurch der Beeinflussungserfolg gesteigert werden. Dabei lösen äußere Reize im Allgemeinen (von einfachen Schlüsselreizen abgesehen) nicht direkt Aktivierung aus, sondern erst wenn sie zumindest grob dechiffriert sind. Der Reiz wird erst aktivierungswirksam, nachdem die subjektive Bedeutung eines Reizes für den Empfänger klar ist.[53]

Für die gezielte Auslösung der Aktivierung durch äußere Reize gibt es eine Vielzahl von Möglichkeiten. Differenziert nach ihrer Wirkung stehen drei Reizarten zur Verfügung:
- emotionale,
- kognitive,
- physische.

Emotional wirkende Reize gehören zum klassischen Instrumentarium der Werbung. Sie sprechen Gefühle oder Motive des Menschen an. Beispiele für emotionale Reizkategorien sind Vertrautheit, Geborgenheit, Erfolg, Freiheit, Individuali-

[50] Vgl. MAYER / ILLMANN (2000:441).
[51] Vgl. KROEBER-RIEL / WEINBERG (1999:61).
[52] Vgl. FELSER (1997:82).
[53] Vgl. KROEBER-RIEL / WEINBERG (1999:70).

tät, Liebe oder Genuss. Besonders zuverlässig und schnell wirken bestimmte Schlüsselreize wie das Kindchenschema oder Erotik. Sie können in vielfältiger Weise zur Aktivierung benutzt werden, weil sie biologisch vorprogrammierte Reaktionen auslösen und den Empfänger weitgehend automatisch erregen.[54] Schlüsselreize nutzen sich außerdem kaum ab und können deshalb oft wiederholt werden. Ihr Zusammenhang mit dem Produkt muss jedoch nachvollziehbar und akzeptabel sein, da sie sonst eher ablenken oder als unpassend empfunden werden können.[55]

Kognitive Reize aktivieren durch gedankliche Konflikte, Widersprüche und Überraschungen, die Verwunderung auslösen und dadurch die Informationsverarbeitung stimulieren. Ein bewusster Widerspruch zwischen Text und Bild oder eine intellektuelle Anregung durch Rätsel stellen beispielsweise einen solchen gedanklichen Reiz dar. Eine kognitiv bewirkte Aktivierung ist dazu geeignet, die Erinnerung an eine Anzeige zu verstärken.[56] Sie ist allerdings häufig den emotionalen Aktivierungstechniken unterlegen, weil kognitive Reize nicht so spontan wirken wie emotionale und sich relativ schnell abnutzen. Am sinnvollsten lassen sich kognitive Reize „wohl bei gebildeten Zielgruppen mit hohem Produktinteresse"[57] einsetzen.

Eine ziemlich sichere Aktivierung wird über physische Reize erreicht, die keine emotionalen Reaktionen auslösen oder zum Nachdenken anregen, sondern lediglich durch ihren formalen Charakter wirken. Sie erregen Aufmerksamkeit durch unübersehbare Anzeigeneigenschaften wie Farbe oder Größe. Großflächige, satte Farben fallen auf; dabei aktivieren die Farben des Rot-Gelb-Bereichs am stärksten, die des Blau-Bereichs am wenigsten.[58] Wichtig für die Aktivierung ist auch die Anzeigengröße, denn je größer eine Anzeige ist, desto höher ist ihr Aktivierungspotential. So beträgt die durchschnittliche Betrachtungsdauer einer doppelseitigen Anzeige ca. 3 Sekunden, einer einseitigen ca. 2 Sekunden und einer halbseitigen deutlich unter 1 Sekunde.[59]

Obwohl lautere Werbespots, ebenso wie größere und buntere Anzeigen, bessere Chancen haben, wahrgenommen zu werden, sollte die Verwendung physisch intensiver Reize nicht übertrieben werden, weil die Werbung dann von den Zielpersonen als aufdringlich empfunden werden kann.

Werden die verschiedenen Reizarten gezielt kombiniert, addiert sich normalerweise die Wirkung der einzelnen Reize und das Aktivierungspotential erhöht sich dementsprechend. Eine prominente Werbefigur verdeutlicht z.B. den erfolgrei-

---

[54] Vgl. KROEBER-RIEL (1993a:122).
[55] Vgl. MEYER-HENTSCHEL (1988:30).
[56] Vgl. KROEBER-RIEL / WEINBERG (1999:73).
[57] MEYER-HENTSCHEL (1988:41).
[58] Vgl. MEYER-HENTSCHEL (1988:46).
[59] Vgl. KROEBER-RIEL / WEINBERG (1999:76).

chen gemeinsamen Einsatz von physischem und kognitivem Reiz: eine wohlbekannte Tierart wurde mit der relativ auffälligen, aber trotzdem nicht aufdringlich wirkenden Farbe Lila in Verbindung gebracht. Durch die Verbindung zweier Vertrauter, bis dahin jedoch nur getrennt zu beobachtender Elemente entstand so ein neuartiges Einzelexemplar, die Lila-Kuh, die seither untrennbar mit dem Markennamen *Milka* verbunden ist.[60]

Die benutzten Aktivierungstechniken und die Höhe des Aktivierungspotentials bestimmen entscheidend, in welchem Ausmaß vor allem wenig involvierte Empfänger den Werbekontakt nutzen und die angebotenen Informationen verarbeiten. Dabei gilt, je höher die erzielte Aktivierung ist, desto effizienter wird die Werbebotschaft verarbeitet, d.h. umso größer ist auch der Werbeerfolg.[61]

Ein weiteres Phänomen, das mit der Wahrnehmung von Werbebotschaften einhergeht, ist, dass klassische Werbung durch ihre offenkundigen, typischen Erscheinungsformen den Zielpersonen die Möglichkeit gibt, sie sofort als ‚Werbung' zu klassifizieren. So nehmen beispielsweise Fernsehzuschauer automatisch wahr, dass gerade weder ‚Nachrichten' noch ein ‚Spielfilm' gesendet werden, sondern eben ‚Werbung', was dazu führt, dass sie diese Werbung einer ganz bestimmten Kategorie von Reizen zuordnen. Ihre persönlichen Hypothesen über Werbung (z.B. mit welchen Mitteln werden welche Ziele verfolgt) beeinflussen dann nicht unerheblich die Wahrnehmung der Werbeinhalte. Die Folgen, die sich aus dem subjektiven Wissen der Beworbenen ergeben, können dann zu betonten Bedeutungsveränderungen der Werbebotschaft oder wiederum zu Wahrnehmungsselektion führen.[62]

In jedem Fall ist die Wahrnehmung der Werbemaßnahmen die wichtigste Voraussetzung dafür, dass die Konsumenten im Sinne der Werbetreibenden beeinflusst werden können, denn nur was wahrgenommen wird, kann beeinflussen.

1.2.4.2 Informationsverarbeitung und Wissen

Die gedankliche Verarbeitung von Reizen erfolgt nach dem Dreispeichermodell durch verschiedene Gedächtnisstrukturen, die als „Speicher" bezeichnet werden. Diese Speicher sind dabei als Gedächtniskomponenten zu verstehen, die nicht nur der Speicherung dienen, sondern auch Prozesse der Informationsverarbeitung beeinflussen.[63] Das (aus der kognitiven Psychologie entlehnte) Dreispeichermodell geht von drei Speicherformen aus: sensorischer Bereich, Kurzzeitspeicher, Langzeitspeicher.

---

[60] Vgl. SCHNIERER (1999:40f.).
[61] Vgl. KROEBER-RIEL / WEINBERG (1999:99).
[62] Vgl. SCHNIERER (1999:50).
[63] Vgl. LINDSAY/NORMAN (1981).

Ausgangspunkt der Betrachtung ist die Umwelt des Konsumenten, die eine absolut unüberschaubare Menge vor allem optischer und akustischer Reize bzw. Informationen enthält. Es wird davon ausgegangen, dass es einen Teil des menschlichen Informationsverarbeitungssystems gibt, den so genannten sensorischen Speicher, der für ganz kurze Zeit detaillierte Bilder der Information, die bei den Sinnesorganen ankommen, speichert.[64] Bezogen auf die Verarbeitung visueller Reize bedeutet das beispielsweise, dass das Auge die Umwelt abtastet und die aufgenommenen Reize in bioelektrische Impulse umwandelt, die dann weiterverarbeitet werden. Dieser Prozess besteht in einer Auswahl, Interpretation und Verknüpfung der aufgenommenen Reize, wobei kognitive Verarbeitungsvorgänge noch nicht, beziehungsweise nur auf einem sehr elementaren Niveau stattfinden. Es handelt sich im Wesentlichen um ein positives Festhalten von Sinneseindrücken, das noch keine gerichtete Aufmerksamkeit erfordert.[65] Eine Teilmenge der im sensorischen Speicher eintreffenden Reize kann in den Kurzzeitspeicher übertragen werden, dabei hängt die Reizauswahl im Wesentlichen vom Aktivierungspotential der Reize ab. Die im Kurzzeitspeicher angelangten Reize werden entschlüsselt und kognitiv verfügbar gemacht, sie werden dann zu weiteren Informationen in Beziehung gesetzt, zu größeren Informationseinheiten organisiert etc. So wird z.B. das graphische Symbol „8" als Zahl „acht" interpretiert usw. Dazu muss der Kurzzeitspeicher zwei Funktionen übernehmen: „Eine etwas längere Speicherung – von mindestens einigen Sekunden – um die Informationen für die Verarbeitung bereitzuhalten sowie die aktive Verarbeitung der eingegangenen Informationen."[66] Die Verarbeitungsmöglichkeiten des Kurzzeitspeichers bestehen u.a. in der Kodierung von Informationen, wozu die Weiterverarbeitung des Sinngehalts von Informationen anstelle des Wortlauts oder die Verdichtung von Informationen (z.B. „teuer" anstelle eines konkreten Preises) gehören. Des Weiteren ermöglicht der Kurzzeitspeicher, auf im Gedächtnis gespeicherte Informationen zurückzugreifen und diese mit neuen, gerade aus der Umwelt aufgenommenen Informationen zu verknüpfen (z.B. Einstellungen zu einem Objekt aufgrund zusätzlicher Informationen).[67]

Der Langzeitspeicher ist mit dem Gedächtnis gleichzusetzen, hier können die vorher verarbeiteten und zu kognitiven Einheiten organisierten Informationen in fast unbegrenzten Mengen sehr lange behalten werden.

Wesentliches Merkmal des hier skizzierten Informationsverarbeitungsmodells ist die Verbindung von zwei Speichern mit sehr großer Aufnahmekapazität (sensorischer Speicher und Langzeitspeicher) durch einen Kurzzeit- bzw. Arbeitsspeicher mit außerordentlich beschränkter Kapazität. Sie ist auf etwa sieben so genannte „information chunks" – verdichtete Informationen, wie z.B. Produktnamen, mit denen verschiedene Einzelinformationen (z.B. Qualität, Design, Preis) verbunden sind – begrenzt. Die Informationsübertragung vom Kurzzeit- zum Langzeitspei-

---

[64] Vgl. KUSS / TOMCZAK (2000:26).
[65] Vgl. KROEBER-RIEL / WEINBERG (1999:226).
[66] KROEBER-RIEL / WEINBERG (1999:226).
[67] Vgl. KUSS / TOMCZAK (2000:27).

cher erfordert außerdem einen Zeitaufwand von einigen Sekunden, weshalb diese Übertragungszeit in Verbindung mit der zahlenmäßigen Begrenzung gleichzeitig verfügbarer Informationen den Kurzzeitspeicher zum entscheidenden Engpass hinsichtlich der Beschränkung menschlicher Informationsverarbeitungskapazität machen.[68] Geht man bei einer Werbeanzeige davon aus, dass die durchschnittliche Betrachtungszeit annähernd zwei Sekunden beträgt, so bedeutet das, dass die Zahl der im Kurzzeitspeicher verarbeiteten Informationseinheiten extrem begrenzt ist. Trotzdem wird in vielen Anzeigen, die mit keiner längeren Aufmerksamkeitszuwendung rechnen können, „aber meist ein Mehrfaches an Informationen dargeboten, die demzufolge von vornherein zur Unwirksamkeit verurteilt sind".[69]

Von zentraler Bedeutung für die Erklärung kognitiver Vorgänge ist das dauerhaft im Gedächtnis gespeicherte Wissen. Dieses Wissen bestimmt grundlegend, wie die aus der Umwelt kommenden Reize aufgenommen, verarbeitet und gespeichert werden. Es dient dazu, Umweltreize zu interpretieren, gedanklich einzuordnen und weiterzuverarbeiten. Es können zwei Arten von gespeichertem Wissen unterschieden werden: deklaratorisches und prozedurales Wissen.

Deklaratorisches Wissen bezieht sich auf Fakten, d.h. auf Gegenstände, ihre Eigenschaften, deren Beziehungen zueinander und Situationen. Hier kann weiter zwischen semantischem und episodischem Wissen differenziert werden: Erstgenanntes umfasst die Bedeutung von Wörtern, die Eigenschaften einer Marke, bzw. eines Produkts etc. (z.B. das Produkt Balsamico-Essig „kommt aus Italien", „schmeckt süßlich"...). Episodisches Wissen bezieht sich hingegen vor allem auf Erkenntnisse und Erfahrungen der betreffenden Person (z.B. „schmeckt am besten mit Walnuss-Öl").

Prozedurales Wissen baut auf deklaratorischem Wissen auf, da es sich auf die gedanklichen Vorgänge bei der Bildung, Verknüpfung und Anwendung dieses Wissens bezieht und somit dessen Nutzung für eigenes Verhalten dient (z.B. Herstellung einer Vinaigrette).[70]

Die Repräsentation von Wissen beim Konsumenten wird häufig mit Hilfe von Netzwerken abgebildet, die Assoziationen zwischen den verschiedenen Wissenselementen widerspiegeln. Dabei bestimmen die im Netzwerk bestehenden Verknüpfungen die Verwendung des vorhandenen Wissens bei der Informationsverarbeitung: Durch einen äußeren oder inneren Reiz wird eine bestimmte Vorstellung „aktiviert". So kann beispielsweise durch die Frage: „Willst du nicht bald ein neues Auto kaufen?" im Gedächtnis der Begriff „Auto" aktiviert werden. Ausgehend von der Vorstellung „Auto" geht die Aktivierung dann auch auf andere Vorstellungen über, die mit „Auto" verbunden sind, möglicherweise auf die Vorstellung „Mercedes" und dem damit verbundenen Marken-Wissen (z.B. „komforta-

---

[68] Vgl. KUSS / TOMCZAK (2000:28).
[69] KROEBER-RIEL / WEINBERG (1999:227).
[70] Vgl. KUSS / TOMCZAK (2000:24).

bel", „deutsch", „teuer", „konservativ" oder „Prestige"). Mit Hilfe solcher Netzwerke können vorhandene Wissensstrukturen, ihr Zustandekommen und ihre Veränderungen verdeutlicht und marktstrategische Folgerungen abgeleitet werden. Zum Beispiel lässt sich durch die assoziative Verknüpfung von Produkt „Auto" und Marke „Porsche, Mercedes, BMW" die bei einer Kaufentscheidung wahrgenommene Alternativmenge spezifizieren.[71]

Ein großer Teil des Wissens besteht aus standardisierten Vorstellungen darüber, wie bestimmte Sachverhalte typischerweise aussehen. Solche Wissensstrukturen, so genannte Schemata, geben die wichtigsten Merkmale eines Gegenstandsbereichs an, sind mehr oder weniger abstrakt und hierarchisch organisiert. So könnte das Schema für Bier folgendermaßen aussehen:[72] alkoholisches Getränk, verschiedene Sorten (z.B. Pils, Altbier, Weißbier...), gelb-braune Farbe (hell bis dunkel), kohlensäurehaltig, herber Geschmack... . Dieses Bierschema weist eine Konfiguration von Eigenschaften auf, die Bier im Allgemeinen kennzeichnen, die Ausprägung dieser Eigenschaften wird jedoch erst im Einzelfall bestimmt. Wird in einem wahrgenommenen Einzelfall von einem im Schema enthaltenen Stereotyp abgewichen (z.B. Farbe blau), entsteht eine schema-inkongruente Information, die zu verstärkter Aufmerksamkeit führt.

Schemata sind also Organisationsformen des Wissens, die sich wie andere Wissensformen als semantische Netzwerke darstellen lassen und wichtige Funktionen bei der Informationsverarbeitung übernehmen. Schemata von Produkten oder Marken bestimmen die aktuelle Beurteilung eines Produkts durch den Konsumenten. Wird beispielsweise durch die Verpackung ein vorhandenes Produktschema (z.B. Schokolade in lilafarbenem Papier) angesprochen, so gehen Konsumenten aufgrund dieses Schemas von ganz bestimmten Produkteigenschaften aus, auch wenn sie die Eigenschaften nicht direkt wahrnehmen können. Ebenso hängen Präferenzen für ein Produkt wesentlich davon ab, inwieweit das wahrgenommene Produkt mit den Schemavorstellungen des Konsumenten übereinstimmt.

1.2.4.3 Lernen und Gedächtnis

Unter Lernen wird die systematische Anpassung und Änderung des Verhaltens aufgrund von vorangegangenen Erfahrungen verstanden.[73]

Kaufverhalten ist in hohem Maße erlernt, weshalb häufig versucht wird, Erkenntnisse aus der Lernpsychologie zur Erklärung des Konsumentenverhaltens heranzuziehen. Durch sie lassen sich z.B. Erscheinungen der Markenbindung oder des Gewohnheitskaufs erklären.

Lerntheorien basieren auf zwei sehr unterschiedlichen Konzeptionen, daher wird zwischen Reiz-Reaktions-Theorien und kognitiven Theorien unterschieden.[74]

---

[71] Vgl. KROEBER-RIEL / WEINBERG (1999:230f.).
[72] Vgl. KROEBER-RIEL / WEINBERG (1999:232f.).
[73] Vgl. MEFFERT (1992:62), KOCH (1999:67f.).
[74] Vgl. KOCH (1999:67ff.), MOSER (1990:93ff.).

Reiz-Reaktions-Theorien erklären das Lernen primär durch zwei Prinzipien – das klassische und operante („Verstärkerprinzip") Konditionieren.

Beim Prinzip der klassischen Konditionierung wird ein unkonditionierter Stimulus (z.B. ein Apfel) ausgewählt, der zu einer unkonditionierten Reaktion (z.B. Speichelfluss) führt. Danach wird ein neutraler Reiz (z.B. Spinat) eingeführt und gleichzeitig mit dem unkonditionierten Stimulus dargeboten, so dass sich nach mehreren Wiederholungen ein neues Stimulus-Response-Muster bildet, was letztlich dazu führt, dass auch der ursprünglich neutrale Reiz die unkonditionierte Reaktion auslösen kann.

Operantes Konditionieren beruht auf der Grundannahme, dass Verhaltensweisen, die belohnt (verstärkt) werden, in Zukunft häufiger auftreten. So kann z.B. eine bestimmte Schokoladenmarke zum Kauf anregen, und je öfter der Kauf durch ein positives Produkterlebnis (Genuss) belohnt wird, desto häufiger wird diese Marke gekauft. Durch Lernen in dieser Form können längerfristig positive Reaktionen so weit verstärkt werden, dass aus unregelmäßigem Verhalten regelmäßiges Verhalten wird, womit sich u.a. Phänomene der Produktbindung und Markentreue erklären lassen.

Kognitive Theorien basieren auf der Annahme, dass Lernen einen Aufbau von Wissensstrukturen darstellt und das Gedächtnis die Speicherung und den Gebrauch dieses Wissens gewährleistet.[75]

Der eigentliche Lernvorgang bezieht sich auf die Übernahme von Informationen in den Langzeitspeicher, was voraussetzt, dass die aufgenommenen Reize in gedankliche Einheiten (z.B. in bildliche Vorstellungen) übersetzt und verarbeitet werden. Dabei ist entscheidend, ob die aufgenommenen Informationen sprachlich oder bildlich verarbeitet werden, d.h., ob sie mit sprachlichen oder bildlichen Vorstellungen verbunden werden, und in welchem Ausmaß die Informationen zu dem vorhandenen Wissen in Beziehung gesetzt werden.

Das Lernen von neuem (Produkt-)Wissen stellt zugleich einen Eingriff in vorhandene Wissensstrukturen dar. Einfache Wissenserweiterung findet beispielsweise statt, wenn der Konsument einen neuen Markennamen lernt. In diesem Fall bleibt sein (Schokoladen-)Wissen unberührt. Hingegen wird sein (Schokoladen)Schema leicht verändert, wenn er die neue Information verarbeitet, dass es Cola-Schokolade gibt. In Verbindung mit der Information Cola-Schokolade nehmen seine Kenntnisse über den „Wertebereich" der verschiedenen Schokoladeneigenschaften wie „Geschmack" oder „Wirkung" zu.

Bereits vorhandene Schemata lenken die gesamte Informationsverarbeitung, sie bestimmen die Aufmerksamkeit und Schnelligkeit von Wahrnehmen und Lernen. Das bedeutet, dass Informationen, die ein Schema ansprechen und sich in das vorliegende Wissen einordnen lassen, besser gespeichert und erinnert werden können. Sind Informationen hingegen schemainkonsistent, dann erfordert die Einordnung zusätzliche gedankliche Leistungen, so dass die Aufmerksamkeit verstärkt und der gedankliche Verarbeitungsprozess angeregt wird.

---

[75] Vgl. LINDSAY/NORMAN (1981:378f.).

Wichtig für das Lernen ist die Verarbeitungstiefe, d.h. das Ausmaß der kognitiven Aktivitäten, die das Individuum während des Kodierens durchführt, um eine
dargebotene Information zu lernen. Die Verarbeitungstiefe nimmt mit fortschreitender Entschlüsselung eines Reizes zu, weil sinnvolle gedankliche Beziehungen
zwischen (bzw. mit) den aufgenommenen Informationen hergestellt werden können, die die Einordnung dieser Informationen – z.B. Wortbedeutungen – in das
bestehende Wissen erleichtern. In solchen Fällen erhöht sich die Zahl der durchgeführten kognitiven Operationen und die Gedächtnisleistung verbessert sich. Ist
jedoch die Verarbeitungstiefe gering, so sind zum Lernen von Informationen
Wiederholungen erforderlich.[76]

1.2.4.4   Verschiedene Beeinflussungsmodalitäten: Text und Bild

In Abhängigkeit vom jeweils gewählten Medium ergeben sich aufgrund der Modalitäten Text, Bild und/oder Ton zahlreiche Möglichkeiten für die Gestaltung der
Werbemittel. Die Auswahl dieser zur Verfügung stehenden Modalitäten stellt neben dem Involvement eine zentrale Einflussgröße der Wirkung von Werbung dar.

Bei den Printmedien beschränkt sich der Handlungsspielraum der Werbemittelgestaltung auf geschriebenen Text und ruhende Bilder, wobei beide nicht in einem Konkurrenzverhältnis zueinander stehen, sondern sich in ihrer Wirkung
wechselseitig ergänzen. Ob letztlich Text oder Bild die wichtigere Funktion zukommt, ist von der jeweiligen Anzeige abhängig. Bei der Anzeigengestaltung
muss vor allem die immer größer werdende Informationsüberlastung berücksichtigt werden, um zu verhindern, dass die Anzeige in der Informationsflut untergeht
und unbeachtet bleibt. Außerdem muss die Anzeige werbezielkonform gestaltet
werden, da sie als Werbemittel in erster Linie dazu dient, ein angestrebtes Werbeziel zu erreichen. So sollten Anzeigen, die auf einer Kampagne beruhen, die die
Steigerung der Markenbekanntheit zum Ziel hat, nicht überwiegend textbetont
gestaltet werden, sondern die bildlichen Elemente in den Vordergrund stellen.
Wenn hingegen die werbliche Zielsetzung darin besteht, „Kenntnisse über die
Funktionsfähigkeit eines hochkomplexen Produktes zu vermitteln, dann sollte dies
zweckmäßigerweise in einer vorrangig textbetonten Werbemittelgestaltung zum
Ausdruck kommen".[77] Obwohl es natürlich durchaus möglich ist, mit sprachlichen Elementen der Anzeigengestaltung Gefühle zu beeinflussen und mit bildlichen Gestaltungselementen sachliche Informationen zu verbreiten, so ist doch im
Allgemeinen davon auszugehen, dass der Einsatz bildbetonter Werbemittel vor allem der emotionalen Beeinflussung, hingegen der der textbetonten Werbemittel
vorrangig der Informationsvermittlung dient.
Das Vordringen der Bildkommunikation ist nicht damit zu begründen, dass Bilder
an sich schon aktivieren oder zwangsläufig stärker aktivieren als Sprache. Ledig

---

[76] Vgl. KROEBER-RIEL / WEINBERG (1999:334ff.).
[77] BRUHN (1997:318).

lich das Aktivierungspotential von Bildern ist erheblich höher als das von Texten, weshalb sie sich häufig (bei weitem nicht immer) für den bevorzugten Einsatz bei den drei oben genannten Aktivierungsstrategien empfehlen.[78]

Entscheidender ist jedoch, dass sich die Verarbeitung von Bildern im Gehirn deutlich von der sprachlichen Informationsverarbeitung unterscheidet, d.h., Bilder können bei gleichem Informationsgehalt mit viel geringerer gedanklicher Beteiligung und Anstrengung verarbeitet werden. Deshalb wird v.a. von passiven, wenig involvierten Empfängern, die sich nicht anstrengen wollen, die Bildkommunikation bevorzugt.[79] Bilder ermöglichen nicht nur eine bequeme, sondern darüber hinaus auch eine schnelle Informationsaufnahme. Diese Schnelligkeit der Bildkommunikation ist besonders relevant, wenn emotionale Eindrücke und nicht ausschließlich Sachinformationen vermittelt werden sollen. So lassen sich erotische Stimuli wie die Darstellung einer leicht bekleideten Frau durch ein Bild in erheblich geringerer Zeit vermitteln als die sprachliche Wiedergabe. Bilder haben außerdem einen größeren Unterhaltungs- bzw. Erlebniswert und sind besser zur Verhaltenssteuerung geeignet, weil ihre Wirkungen vom Konsumenten im Allgemeinen weniger durchschaut und kontrolliert werden.[80] Das heißt, immer dann, wenn Inhalte sprachlich nicht befriedigend transportiert werden können, oder zu befürchten ist, dass sie nicht ankommen, wird versucht, sie zu visualisieren, weil Bilder in wesentlich stärkerem Ausmaß in der Lage sind, emotionale Reize wirklichkeitsnah wiederzugeben als Texte. Außerdem haben Bilder aufgrund ihrer ganzheitlichen Verarbeitung eine höhere Überzeugungswirkung. Beim Rezipienten entstehen Gedankenverknüpfungen, die bestenfalls einer geringen gedanklichen Kontrolle unterliegen und nicht nach den analytischen Gesetzen der Sprachlogik geprüft werden.[81]

Hinzu kommt, dass das Gedächtnis für Bildinformationen wesentlich besser ist als das Gedächtnis für sprachliche Informationen. Eine Ursache dafür ist, dass die vom Konsumenten aufgenommenen Reize bzw. Informationen häufig nicht in verbaler Form sondern in Form von inneren Bildern, so genannten Vorstellungsbildern, kodiert werden. Solche inneren Bilder entfalten sowohl kognitive als auch emotionale Wirkungen. Sie dienen der gedanklichen Informationsverarbeitung und -speicherung und können emotionale Erlebnisse, wie z.B. Präferenzen für Personen und Gegenstände, bestimmen. Je lebendiger dabei ein inneres Bild ausgeprägt ist, desto stärker ist sein Einfluss auf das Verhalten. Damit Bilder einen lebendigen Eindruck hervorrufen, müssen sie assoziationsreich, gestaltfest und eigenständig sein. Bezogen auf die Werbung müssen sie sich außerdem von konkurrierenden Bildern deutlich abheben, um in Konsumenten ein inneres Bild von der Firma oder der Marke zu erzeugen.

Prinzipiell kann davon ausgegangen werden, dass reale Objekte besser erinnert werden als Bilder, Bilder besser erinnert werden als konkrete Worte sowie kon-

<hr>

[78] Vgl. SCHNIERER (1999:43).
[79] Vgl. KROEBER-RIEL (1993b:17).
[80] Vgl. KROEBER-RIEL / MEYER-HENTSCHEL (1982:58).
[81] Vgl. BRUHN (1997:333).

krete Worte besser als abstrakte Worte.[82] Demzufolge erweist sich die Konkretheit bzw. Bildhaftigkeit einer Information als Kriterium dafür, wie gut die Information behalten wird. Abstrakte Worte wie „Moment" werden im Gedächtnis nur verbal kodiert, stattdessen rufen konkrete Worte wie „Sonnenuntergang" zugleich auch innere Bilder hervor, d.h. sie sind nicht nur in ihrem eigenen Kode, sondern auch in Bilderkodes verfügbar. Ebenso lassen sich abstrakte bildliche Informationen kaum in einen verbalen Kode übersetzen, hingegen können konkrete Bilder wiederum doppelt – im Bilderkode und zusätzlich in einem verbalen Kode – kodiert werden. Aufgrund ihrer doppelten Kodierung können konkrete Worte und Bilder besser im Gedächtnis behalten werden. Das bedeutet: „Je konkreter bildliche und verbale Informationen sind, um so größer ist die Wahrscheinlichkeit, dass sie doppelt – verbal und bildlich – kodiert und gespeichert werden."[83]

So sollten statt wenig einprägsamer abstrakter Ausdrücke konkrete und bildhafte Wörter verwendet werden, weil beispielsweise konkret-bildhaft formulierte Markennamen wie „Frosch" wesentlich besser erinnert werden als abstrakte Markennamen wie „Moment" etc. Solche Effekte können verstärkt werden, indem gerade im Fall von Markennamen Wörter und Bilder kombiniert bzw. Wörter in Bilder integriert werden, um über das einprägsame Bild eine stärkere Verankerung der Wörter im Gedächtnis zu erreichen (z.B. „Shell", „Dea" oder „Schwarzkopf").

Sachliche, rationale Argumentation lässt sich besser durch Worte leisten, wobei Bilder dabei durchaus den Textinhalt veranschaulichen und konkretisieren können.

Die Werbung hat es überwiegend mit informationsüberlasteten, passiven, wenig involvierten Konsumenten zu tun. Von solchen Empfängern werden Bildinformationen bevorzugt, was zu einem Vordringen der bildlichen Kommunikation führt. Deshalb prägt die Bildkommunikation auch die Anforderungen, die an die sprachliche Informationsvermittlung gestellt werden. Die Konsumenten sind durch bildbetonte Medien wie das Fernsehen daran gewöhnt, eher passiv zuzuschauen als aktiv zu lesen. Sie ziehen aufgrund des Informationsüberschusses die Aufnahme von auffallenden, prägnant dargebotenen Informationen der Informationssuche vor. Daher müssen Werbeinformationen, um wirksam zu sein, in kleinen, leicht überschaubaren Einheiten, schnell verständlich, auffällig und unterhaltsam verpackt angeboten werden.[84] Das bedeutet jedoch nicht, dass nicht auch textliche Elemente stark aktivieren können und somit zur Kontakterleichterung beitragen, insbesondere dann, wenn eine Anzeige kaum bildliche Komponenten enthalten soll. Um in einem solchen Fall ein möglichst hohes Aktivierungspotential der Anzeige zu erreichen, kommt es vor allem auf die Gestaltung der Schlagzeile an. Die Schlagzeile verfügt von den textlichen Gestaltungselementen über das höchste Aktivierungspotential, das sich vorrangig durch die Qualität ihrer

---

[82] Vgl. SHERMAN / KULHAVY / BURNS (1976:720).
[83] KROEBER-RIEL / WEINBERG (1999:347).
[84] Vgl. KROEBER-RIEL (1993b:18).

physischen Reize ergibt. Die Höhe der physischen Reizqualität wird dabei von der verwendeten Schrift bzw. Schriftart und der Beziehung zu den sonstigen Gestaltungselementen bestimmt.

Werbung dient dazu, unter Verwendung ausgesuchter Kommunikationsmittel und Kommunikationsträger bestimmte Zielgruppen in ihren Einstellungen und ihrem Kaufverhalten zu beeinflussen, um die Marketingziele des Unternehmens zu realisieren. Sie ist eine unpersönliche Form der Informationsübermittlung, die die räumliche Distanz zwischen Unternehmen und Käufer mit Hilfe der Medien überbrückt.[85] Im Hinblick auf den Erfolg eines solchen Beeinflussungsversuchs kommt der Sprache der Werbung[86] – trotz des Vordringens der Bildkommunikation – nach wie vor eine wichtige Bedeutung zu. Fast alle Erscheinungsformen der Werbung beinhalten in irgendeiner Weise sprachliche Komponenten, sei es als verbale Aussage in einem Fernseh- oder Hörfunk-Spot oder auf Anzeigen bezogen in Form von Schlagzeile, Fließtext oder Slogan. Im Folgenden soll daher die Sprache als ein zentrales Instrument der Werbung hinsichtlich ihrer werbungstypischen Erscheinungsformen beschrieben werden. Dabei wird sie vorerst isoliert betrachtet, obwohl sie in der Realität in verschiedenen Kombinationen mit anderen Werbeelementen auftritt. So wird in TV-Spots Sprache beispielsweise mit Bildern und Musik kombiniert, in Anzeigen mit Bildern und Farbe, wodurch sich die Einzelwirkungen der jeweiligen Elemente verändern, d.h. sie können erweitert, abgeschwächt oder verstärkt werden. Musik kann z.B. den emotionalen Gehalt von Bildern erhöhen, Texte können Abbildungen präzisieren usw.[87]

Soll bereits vorhandene Werbung (in Form von Anzeigen o.ä.) nun unter sprachwissenschaftlichen Gesichtspunkten analysiert werden, so ist es notwendig, sie als Teil eines spezifischen Kommunikationsprozesses zu verstehen, da erst die Berücksichtigung der für die Werbung typischen Kommunikationsbedingungen eine richtige Interpretation ihrer sprachlichen Strukturen ermöglicht.

2.1   Die werbliche Kommunikationssituation

Während bei anderen Kommunikationsformen, wie z.B. der persönlichen zwischenmenschlichen Kommunikation, die situativen Gegebenheiten jeweils verschieden sind, können einige Komponenten der werblichen Kommunikationssituation generell erfasst werden.

---

[85] Vgl. KOCH (1999:334).
[86] Unter Werbesprache wird im Folgenden jede Art der sprachlichen Äußerung auf einem Werbeträger verstanden.
[87] Vgl. BEHRENS (1996:41).

Werbung wurde bereits oben[88] als eine Form der Massenkommunikation definiert, für die charakteristisch ist, dass Aussagen indirekt mit Hilfe technischer Verbreitungsmittel, an ein disperses Publikum, einseitig herangetragen werden. Damit hängt ihre Wirkung nicht nur vom Sender und Inhalt der Botschaft ab, sondern auch von den Merkmalen des jeweiligen Massenmediums. Bei den Empfängern der Botschaft handelt es sich um einen größeren, mehr oder weniger abgrenzbaren Personenkreis, so dass es nicht möglich ist, die Kommunikation exakt auf die Bedürfnisse und Eigenschaften jeder einzelnen Person abzustimmen. Der Kommunikationsvorgang erfolgt einseitig, ohne Feedback, da der Empfänger nicht mit Fragen, Einwänden oder Antworten reagieren kann.[89]

Im Falle der Wirtschaftswerbung will das werbende Unternehmen als Sender seine Zielpersonen, die Konsumenten, mittels einer Werbebotschaft beeinflussen. Dabei wird die Intention verfolgt, die Zielpersonen zu einem für das Unternehmen günstigen Handeln zu bewegen, d.h. im Idealfall eine Kaufhandlung auszulösen. Dazu muss vorerst die Werbeidee verschlüsselt, d.h. in Worte oder Bilder gefasst werden. Diese Aufgabe wird in der Regel einer Werbeagentur übertragen, innerhalb derer professionelle Grafiker und Texter ihre Kreativität und ihr Sprachgefühl einsetzen. Der Textproduzent verfügt dabei neben großen kommunikativen Erfahrungen auch über Erkenntnisse (z.B. aus Marktforschungsinstituten, der Werbewirkungsforschung etc.), die es ihm erlauben, Hypothesen über den Rezipienten zu erstellen. Solche Kenntnisse kann er bewusst für die Gestaltung der Werbemittel nutzen, um die Erfolgsaussichten seines kommunikativen Handelns zu steigern.[90] Das Werbemittel (Anzeige, Spot, Plakat etc.) wird dann mittels eines Werbeträgers an die Empfänger herangetragen. Sofern diese die Werbebotschaft wahrnehmen, übersetzen und interpretieren sie sie im Hinblick auf eigene Wertvorstellungen, Bedürfnisse und Erfahrungen. Zu den kommunikativen Erfahrungen des Empfängers gehören neben den allgemeinen kommunikativen Erfahrungen im Umgang mit anderen Sprechern auch seine bisherigen, in der modernen Mediengesellschaft meistens umfangreichen Erfahrungen mit der Werbekommunikation. In diesem Zusammenhang ist davon auszugehen, dass die – zwar normalerweise wenig involvierten, kaum interessierten – Rezipienten Werbung grundsätzlich positiv verstehen, weil sie gelernt haben, dass Werbung eine Kommunikationsform ist, die Produkte und Dienstleistungen positiv darstellt. Das bedeutet, wenn in einer Anzeige über einem Auto das Wort ‚Leistung' steht, erkennt der Empfänger sofort, dass nicht niedrige, sondern hohe Leistung gemeint ist. Wenn über einem Mädchen ‚Zicke' steht, weiß er, dass das nicht negativ, sondern ironisch zu verstehen ist.[91]

Trotzdem müssen dem Empfänger natürlich genügend Hinweise zur richtigen Interpretation mitgegeben werden, damit er die Werbebotschaften so versteht, wie

---

[88] Vgl. Kap. 1.1.
[89] Vgl. SCHWEIGER / SCHRATTENECKER (1992:9).
[90] Vgl. dazu auch SAUER (1998:58ff.).
[91] Vgl. JUNG / VON MATT (2002:24).

es vom Sender beabsichtigt war, denn Ver- bzw. Encodierungsfehler können später nicht bzw. nicht unmittelbar korrigiert werden.

Sollen die Zielpersonen durch verbale Kommunikation im Sinne der jeweils vorgegebenen Werbeziele beeinflusst werden, ist es also erstens notwendig, dass sie die sprachlichen Äußerungen wahrnehmen und verstehen. Zweitens muss die zentrale Aussage so formuliert sein, dass ihr zugestimmt werden kann, d.h., die Argumentation muss überzeugend sein. Innerhalb der beeinflussenden Kommunikation kann die Begründung einer Aussage durch rationale Beweisführung erfolgen, bei der Belege präsentiert und logische Schlussfolgerungen gezogen werden. In der Werbung sollten jedoch kurze Hinweise ausreichen, um den Empfänger von der Geltung einer Aussage zu überzeugen. Das Überzeugen der Empfänger ist entscheidend, deshalb müssen die Argumente nicht vorrangig nach ihrer Richtigkeit, sondern nach ihrer Überzeugungskraft ausgewählt werden.[92]

Die Verständlichkeit eines Werbetextes wird durch verschiedene Faktoren beeinflusst. Neben psychischen, kulturellen und situativen Einflüssen spielt die Textgestaltung für das Textverständnis eine wesentliche Rolle. Sie kann – im Gegensatz zu den genannten anderen Einflussfaktoren, die lediglich Rahmenbedingungen für die Werbung darstellen, die bei der Gestaltung von Werbetexten beachtet werden müssen – direkt beeinflusst werden.

Zahlreiche stark praxisbezogene Ratgeber, die die Optimierung der sprachlichen Elemente in der Werbung zum Ziel haben, enthalten nur äußerst allgemein gehaltene Kriterien für eine effektive Textgestaltung.[93] Der Verständlichkeitsbegriff bezieht sich darin häufig auf die Einschätzung von guter Allgemeinverständlichkeit für ein breites Publikum, d.h., Werbung sollte sich einer Sprachform bedienen, die keine oder nur geringe Differenzen zur Alltags- bzw. Umgangssprache aufweist. Der von LANGER/SCHULZ VON THUN/TAUSCH entwickelte Ansatz[94] leitet aus relevanten Merkmalen der Textgestaltung Dimensionen der Textverständlichkeit ab. Danach sind folgende vier Eigenschaften bzw. Dimensionen eines Textes entscheidend für seine Verständlichkeit: Einfachheit, Gliederung und Ordnung, Kürze und Prägnanz sowie zusätzliche Stimulanz.

Die erstgenannte Verständlichkeitsdimension bezieht sich auf die Einfachheit der sprachlichen Formulierung, d.h. sowohl auf die Einfachheit des Satzbaus als auch auf die Einfachheit der Wörter. Komplizierte grammatische Strukturen verschlechtern die Verständlichkeit eines Textes, kurze Wörter verbessern sie. Vor allem Wörter, die früh in der Sprachentwicklung gelernt werden, konkret und anschaulich sind, eine eingeführte, gebräuchliche Bedeutung und möglichst wenige Silben haben, dienen dem schnelleren Textverständnis.

Ein weiteres Bewertungskriterium für verständliche Texte stellt Gliederung und Ordnung dar, da durch mehr innere und äußere Gliederung und Ordnung die

---

[92] Vgl. BEHRENS (1996:72f.).
[93] Vgl. KELLER / MODEL (1993:505).
[94] Vgl. LANGER / SCHULZ VON THUN / TAUSCH (1974:125f.).

Verständlichkeit eines Werbetextes verbessert wird. Das bedeutet, dass die Sätze nicht beziehungslos nebeneinander stehen, sondern sinnvoll miteinander verknüpft sein und folgerichtig aufeinander aufbauen sollten. Des Weiteren muss der logische und argumentative Aufbau des Textes auch äußerlich sichtbar sein, z.B. durch die übersichtliche Gruppierung zusammengehöriger Teile und eine apparente Unterscheidung von Wesentlichem und weniger Wichtigem.

Eine weitere Verständlichkeitsdimension nimmt Bezug auf Kürze und Textprägnanz, wobei die Minimierung des sprachlichen Aufwandes im Mittelpunkt steht. Eine kurze und prägnante Gestaltung eines Textes bedeutet in erster Linie einen Verzicht auf inhaltliche oder sprachliche Redundanz und Beschränkung auf das Wesentliche. Das heißt, die Prägnanz eines Werbetextes erhöht sich, je konsequenter auf Zusatzinformationen, nicht notwendige Einzelheiten und Erläuterungen sowie Füllwörter oder weitschweifige Formulierungen verzichtet wurde.

Innerhalb der Werbung ist es außerdem sehr wichtig, die Verständlichkeit eines Textes durch zusätzliche Stimulatoren zu erhöhen. Solche zusätzlichen Stimulatoren können beispielsweise in Form von besonderen stilistischen Mitteln in Erscheinung treten, durch deren Verwendung ein Werbetext abwechslungsreich, interessant und persönlich wirkt.

2.2 Zum Aufbau von Werbeanzeigen

Werbeanzeigen sollen die Aufmerksamkeit des Rezipienten erregen und sind daher auch sehr verschieden gestaltet, um jede Stereotypisierung zu vermeiden. Trotzdem ergeben sich Gemeinsamkeiten vieler Anzeigen bezüglich der äußeren Gliederung des Textes in mehrere, meistens drei, funktionale Textelemente. Diese sind im Schema des dreiteilig gegliederten Werbetextes Schlagzeile, Fließtext und Slogan.

Entsprechend des Organon-Modells von BÜHLER[95] hat Sprache drei grundlegende Funktionen: eine Ausdrucksfunktion für den Sender, eine Appellfunktion gegenüber dem Empfänger und eine inhaltsbezogene Darstellungsfunktion. Bezogen auf Werbetexte[96] gehört zur Ausdrucksfunktion die Förderung des Unternehmens-Image, die Herstellung und Pflege des Produkt-Image ist Gegenstand der Darstellungsfunktion. Im Zentrum der Appellfunktion steht die wirkungsvolle Ansprache des potientiellen Konsumenten.

Ausgehend vom Schema des dreiteilig gegliederten Werbetextes dient in diesem Sinne die Schlagzeile vor allem der Appellfunktion, der Fließtext der Darstellungsfunktion[97] und der Slogan der Ausdrucksfunktion, wobei natürlich aufgrund

---

[95] Vgl. BÜHLER (1934).
[96] Zur folgenden Unterscheidung vgl. HANTSCH (1973:139ff.).
[97] Vgl. SCHÜTTE (1996:200).

des Zwangs zu kreativer und auffälliger Anzeigengestaltung keine ausschließliche Funktionszuweisung für die einzelnen Textelemente möglich ist.[98]

Bevor nun versucht wird, die Funktionen der einzelnen Anzeigenelemente näher zu bestimmen, soll darauf hingewiesen werden, dass in aktueller Werbung immer häufiger vom klassischen Anzeigenaufbau abgewichen wird[99] und es deshalb oft schwerfällt, die o.g. Unterteilung sinnvoll anzuwenden. Besonders auffällig sind die unterschiedlichen Erscheinungsformen der Schlagzeile (Headline), die sich nicht zwangsläufig über der Gesamtanzeige befindet, sondern auch zwischen Bild und Fließtext, innerhalb des Bildes oder seltener am Anzeigenrand platziert sein kann. Sie kann auch aus zwei oder mehreren sich ergänzenden Teilen bestehen (Topline und/oder Subheadline) oder ein optisch hervorgehobener Kurztext sein. Ein eindeutiges Identifikationsmerkmal der Schlagzeile ist ihre Typographie,[100] da sie im Vergleich zu anderen Textelementen fast ausnahmslos in fetteren und größeren Lettern erscheint oder in Form von Kursiv- und/oder Versal- und/oder Sperrdruck etc. hervorgehoben ist.

Die **Schlagzeile** als sprachlicher und/oder typographischer Blickfang der Anzeige soll die Aufmerksamkeit des Lesers wecken und zum Lesen der gesamten Anzeige animieren. Außerdem kommt der Schlagzeile auch häufig die Funktion zu, den produktspezifischen Zusatznutzen (Unique Selling Proposition) zu thematisieren. Dieser muss möglichst auffällig präsentiert werden, weil aufgrund des steigenden Werbevolumens nur noch wenige Anzeigen vollständig rezipiert werden.

Der produktspezifische Zusatznutzen kann u.a. darin bestehen, eine Produkteigenschaft besonders hervorzuheben (z.B. ‚ökonomische Verfahrensweise‘ in dieser Schlagzeile einer Werbung für Waschmaschinen: *Die Sparmaschine. Der neue ÖKO-LAVAMAT von AEG. Spart Wasser, spart Energie, spart Waschmittel und spart Arbeit.*), einen Verbrauchsaspekt aufzuzeigen oder einen besonderen Nutzen für den Konsumenten zu benennen[101] (z.B. ‚preiswert‘ in der Schlagzeile für das blutdrucksenkende Medikament Captogamma: *Senkt sogar den Preisdruck.*). Oft lässt sich aber der Zusatznutzen in der Schlagzeile nicht klar bestimmen bzw. dient die Schlagzeile gerade durch ihre inhaltliche Unbestimmtheit, ihre sprachliche oder typographische Form mehr der Aufmerksamkeitserregung als der Information. Für die sprachliche Analyse von Schlagzeilen ist ihr Bildbezug ein wichtiges Kriterium, da Schlagzeile und Bildelemente aufeinander abgestimmt sind und sich häufig wechselseitig ergänzen.

Das **Bildmotiv** wird unabhängig vom Involvement fast immer als erstes und am längsten betrachtet.[102] Dadurch hat das Bild als erstbetrachtetes Anzeigenelement

---

[98] Vgl. FRITZ (1994:87).
[99] Vgl. JANICH (1999a:42).
[100] Zur Schrift als Gestaltungsmittel von Kommunikation vgl. FÖRSTER (1994:34ff.).
[101] Vgl. JANICH (1999a:43).
[102] Vgl. KROEBER-RIEL (1993a:165).

eine herausragende kommunikative Funktion, denn es trägt wesentlich dazu bei, nur flüchtig in einer Zeitschrift Blätternde zum genaueren Betrachten einer Anzeige zu veranlassen. ZIELKE unterscheidet die Bildelemente einer Anzeige nach ihrer Funktion in Key-Visual, Catch-Visual und Focus-Visual: das erstgenannte Schlüsselbild ist dabei das Beworbene selbst, etwa ein konkret abbildbares Produkt oder beispielsweise im Falle von Dienstleistungsangeboten die sinnbildliche bzw. abstrahierende Verdeutlichung des an das Beworbene gekoppelten Gebrauchsnutzens. Das zweitgenannte Teilelement des Bildmotivs ist der künstlerisch gestaltete Bezugsrahmen, der das Beworbene in der jeweils dargestellten Anzeigenszene situativ umgibt. Das Catch-Visual fungiert als Blickfang, es soll den Blick des potentiellen Rezipienten auf sich ziehen, um ihn danach auf das Key-Visual zu dirigieren. Unter Focus-Visuals werden Wiederholungen von Teilen des Bildmotivs zusammengefasst. Es handelt sich dabei um einzeln stehende, kleinere Bildelemente, die die Realität stark abstrahieren und der Vermittlung eines praxis- bzw. realitätskonformeren Bildes der Verwendungs- oder Einsatzbedingungen des Beworbenen dienen.[103] Ihre Funktion liegt des Weiteren darin, dem Rezipienten das Verständnis bestimmter sprachlich beschriebener Vorgänge durch Abbildungen zu erleichtern, um so nicht zuletzt die Glaubwürdigkeit der werblichen Information zu erhöhen. Beispiele dafür finden sich vor allem in Anzeigen für Kosmetika, wo durch die Übernahme wissenschaftlicher Darstellungsmuster (wie Diagramme, schematische Darstellungen der Haut oder des Haares etc.) die Wirkungsweise der Produkte plausibel erscheinen soll.

Bildelemente und Schlagzeilen haben die gleiche vorrangige Funktion, nämlich den Rezipienten zum Betrachten der gesamten Anzeige zu veranlassen. Dabei können sich beide Anzeigenelemente kommunikativ ergänzen. So können durch Wechselbeziehungen zwischen Schlagzeile und Bildelementen u.a. witzige Effekte erzielt werden. Ein Beispiel dafür stellt die Anzeige für eine Minolta-Kamera dar. Unter der Schlagzeile *Wer will schon einen Wackel?* ist ein Foto abgebildet, das einen verschwommenen, „verwackelten" Dackel zeigt. Prinzipiell ist die Informationsvermittlung der sprachlichen Anzeigenelemente dahingehend eingeschränkt, dass eine bestimmte Botschaft verkündet wird. Hingegen gibt das Bild meistens verschiedene Botschaften weiter. Sie sind nicht klar abgrenzbar und enthalten zahlreiche Interpretationsmöglichkeiten. Die sprachlichen Elemente haben daher häufig die Funktion, die Interpretation einzuschränken bzw. sie in eine vom Werbetreibenden gewollte Richtung zu lenken.[104]

In den meisten Anzeigen findet sich in variierender Position ein in stilistischer und semantischer Hinsicht kohärenter **Fließtext** (Copy). Er dient vor allem der differenzierten Produktpositionierung, indem er das Thema der Schlagzeile näher ausführt und präzisiert oder das Bildmotiv der Anzeige sprachlich formuliert bzw.

---

[103] Vgl. ZIELKE (1991:81ff.).
[104] Vgl. BAJWA (1995:141).

mit weiteren Angaben ergänzt. Dem Rezipienten sollen die Vorzüge, der Nutzen, die Zweckdienlichkeit o.ä. des Produktes, des Dienstleistungsangebots oder der Marke genannt und so präsentiert werden, dass sie ihm zur Deckung seines individuellen Bedarfs ideal geeignet erscheinen.

Die Funktion des Fließtextes besteht jedoch nicht ausschließlich in der Informationsübermittlung, denn er wird in der Realität nur sehr selten gelesen und ist dennoch in fast allen Anzeigen zu finden. Häufig sind auch die Inhalte des Fließtextes weitgehend bedeutungslos, so dass davon ausgegangen werden kann, dass der Fließtext nicht nur als Informationsträger, sondern ebenso als ein besonderes graphisches Kommunikationselement der Anzeige in Form eines zusammenhängenden Schriftblocks fungiert.[105] In Werbewirkungsanalysen wurde in diesem Zusammenhang nachgewiesen, dass ein Fließtext nicht unbedingt gelesen werden muss, um den Rezipienten werbliche Bedeutungsinhalte näher zu bringen. Insbesondere bei kurzzeitig betrachteten Anzeigen erzeugt oftmals bereits das materielle Vorhandensein eines Textblocks eine gewisse Glaubwürdigkeit, da offensichtlich über ein Produkt etwas Wichtiges ausgesagt werden kann. Das heißt, dem Fließtext als kommunizierendem Anzeigenelement kommen hauptsächlich zwei Funktionen zu, erstens eine informatorische: dem Leser soll Wissenswertes über das Beworbene mitgeteilt werden; zweitens eine suggestive: dem Leser soll Kompetenz und Glaubwürdigkeit suggeriert werden, so dass er ohne den Fließtext zu lesen die werblichen Behauptungen übernimmt.[106]

Fließtexte variieren sehr stark hinsichtlich der Textlänge sowie der äußerlichen Gestalt. Längere Texte enthalten häufig Gliederungsmerkmale wie Einzüge, Absätze oder Zwischenüberschriften (Sublines). Letztere sollen dem Rezipienten einen Überblick über die einzelnen Textabschnitte ermöglichen, indem sie deren Inhalt prägnant zusammenfassen. Sie verschaffen so vor allem dem oberflächlichen Leser einen komprimierten Eindruck über die im Fließtext enthaltenen Informationen und können ihm die Lektüre des gesamten Textes ersparen. Oftmals werden zu diesem Zweck auch einzelne Wörter oder Wortgruppen innerhalb des Textes unterstrichen, fett oder andersfarbig gedruckt und auf diese Weise hervorgehoben, um auch beim flüchtigen Betrachten der Anzeige zu ermöglichen, dass die wichtigsten Informationen über das Beworbene wahrgenommen werden. Weitere Gestaltungsmerkmale bilden Vorlauftexte (Intro), die meistens fett oder halbfett gedruckt sind und sich insofern gegenüber dem Rest des Fließtextes abheben. Sie dienen als Vorspann, mit dem durch Teilinformationen die Neugier der Rezipienten auf das Thema des Gesamttextes geweckt werden soll. In zahlreichen Anzeigen folgen inhaltliche Zusammenfassungen (Claims) auf den vorausgehenden Fließtext. Sie sind immer mit einem bestimmten Text verbunden, treten nicht in anderen Anzeigen auf, die dasselbe Produkt unter verändertem Aspekt bewerben und unterscheiden sich so von Slogans.

---

[105] Vgl. ZIELKE (1991:75).
[106] Vgl. ZIELKE (1991:78).

Der **Slogan** steht meist am Schluss einer Anzeige (vorzugsweise unten rechts) und beinhaltet fast immer den Firmen-, Marken- oder Produktnamen. Eine seiner Funktionen ist es, den Konsumenten mit diesem Namen bekannt zu machen und ihn einzuprägen, denn wenn der Name einer Ware bekannt ist, erscheint auch die Ware selbst als bekannt.[107] Das Bekanntmachen und Einprägen des Namens wird dabei durch verschiedene stilistische Maßnahmen unterstützt, wozu die exponierte Stellung des Namens am Anfang oder Ende des Slogans, die Wiederaufnahme eines Teils des Namens (*Das ging doch ganz Salatfix.*) oder die Einbettung des Namens in eine besondere semantische Figur, z.B. als letztes Glied einer Klimax, gehören (*Gut.Besser.Paulaner.*).[108]

Der Slogan wird ständig wiederholt, indem er anzeigen- und häufig auch medienübergreifend eingesetzt wird. Das heißt, er kommt in unveränderter textlicher Fassung meistens in allen Werbemitteln vor, die dasselbe Objekt bewerben. So sind Slogans im Gegensatz zu Schlagzeile und Fließtext Textkonstanten, die unabhängig vom jeweiligen Werbemittel an ein bestimmtes zu Bewerbendes gebunden sind. Durch ihre häufige Wiederholung, die oft sehr lange Lebensdauer sowie die knappe und prägnante Form soll ein sehr großer Wiedererkennungswert ermöglicht werden.

Slogans treten überwiegend als Kombination von Produkt- oder Firmennamen und einer Behauptung auf, deren inhaltliche Füllung meistens darin besteht, den Zusatznutzen zu benennen und so zur Positionierung und Imagebildung beizutragen. Hierbei handelt es sich sehr selten um sachliche Informationen, sondern fast immer um Verweise auf emotionale Nebenbedeutungen.

Der Slogan wird meistens in Zusammenhang mit dem Marken-, Firmen-, oder Produktnamen genannt, so dass sich Name und Slogan zusammen einprägen und eine Art Pawlowscher Reiz entsteht: bei der Nennung des Namens soll der Slogan assoziiert und seine Aussage als Tatsache akzeptiert werden.[109] Der Slogan soll also fest mit einem Unternehmen oder einem Produkt verbunden werden und durch eine allgemeine Thematisierung positiver Aspekte zu einem bestimmten Unternehmens- oder Produktimage beitragen.[110] Da er sich für mehrere Anzeigen oder Spots eignen muss, ist er oft unkonkreter gehalten als die Schlagzeile oder der Fließtext (z.B. *Skoda: Perfektion aus Leidenschaft* und *Alno: Das Maß aller Dinge sind Sie*). Formal zeichnet sich der Slogan durch eine relative Kürze aus, d.h., es wird eine Sloganlänge von maximal 5 bis 7 Wörtern bevorzugt.[111] Er ist meist zwei- oder dreiteilig gegliedert. Zwischen den einzelnen Teilen der Slogankonstruktionen werden Kommata auch zum Zweck der Aneinanderreihung nur noch selten genutzt, es dominiert der Punkt als trennendes Satzzeichen. Der Punkt unterstreicht die Sloganbehauptung, denn er „vermittelt Abgeschlossenheit, Unan-

---

[107] Vgl. MÖCKELMANN / ZANDER (1975:24).

[108] Vgl. MÖCKELMANN / ZANDER (1975:25f.).

[109] Vgl. BAUMGART (1992:42).

[110] Vgl. JANICH (1999a:46).

[111] Vgl. BAJWA (1995:83).

tastbarkeit und Nachdruck und imitiert die Kurzsätzigkeit gesprochener Sprache, indem er zum Senken einer gedachten Stimmführung zwingt und eindrucksvolle Pausen entstehen läßt".[112] Die meisten zweigliedrigen Slogans sind nach dem Prinzip ‚Name – Punkt – Phrase' (*Vichy. Weil Gesundheit auch Hautsache ist.*) bzw. ‚Phrase – Punkt – Name' (*Wissen worauf's ankommt. PASSO*) konstruiert, die dreigliedrigen unterscheiden sich stärker in ihrem Aufbau. Häufig folgt auf den am Anfang stehenden Namen ein Satz, der durch ein Satzzeichen unterbrochen ist (*Milka. Die zarteste Versuchung, seit es Schokolade gibt.*) oder es handelt sich um drei relativ gleichwertige Glieder, von denen eines der Name sein kann.[113] Letzteres bedeutet oft eine schlagwortartige Aneinanderreihung werbetauglicher Begriffe, wobei das Fehlen der Kopula die Aussage verdichten und deren Prägnanz steigern soll.

Um dem Empfänger das Erlernen des gesamten Slogans zu erleichtern, werden zudem eine Vielzahl sprachlich-stilistischer und psychisch-emotionaler Mittel verwendet. Dazu gehören u.a. repetitive Figuren wie die Wiederholung semantisch bedeutsamer Wörter und Satzglieder (*WirtschaftsWoche Nichts ist spannender als die Wirtschaft. Woche für Woche.*) oder Alliterationen (*... Freude am Fahren*), rhetorische Figuren wie Ambiguitäten (*Aral. Alles super.*) oder Antithesen (*Für die wenigen, die mehr verlangen ...*) sowie die Verwendung anschaulicher, emotional ansprechender Ausdrücke und Metaphern.[114]

Von der Schlagzeile und dem Fließtext unterscheidet sich der Slogan außerdem durch Autonomie, d.h., er kann für sich allein stehen, wird auch ohne Text oder Bild verstanden und kann so auch isoliert werblichen Erfolg erzielen.

Nach der Art der bewerbbaren Objekt-Typen lassen sich Slogans in Produkt- bzw. Angebots-Slogans (*BION 3 = Gesundheit hoch 3*), Marken-Slogans (*Ford. Die tun was.*) und Firmenslogans (*Dresdner Bank. Die Beraterbank*) unterscheiden.[115]

2.3 Charakteristische Merkmale von Werbesprache

2.3.1 Allgemeines

Die Sprache der Werbung ist eine pragmatische Textform. Werbetexte sind Gebrauchstexte, die im Hinblick auf ein praktisches, meistens ökonomisch begründetes Erfordernis geschrieben werden[116] – eine Notwendigkeit, die „sich unmittelbar aus dem Lebenszusammenhang zwischen den als Sender und Empfänger am Kommunikationsprozess Teilnehmenden"[117] ergibt. Werden nun im Folgen-

---

[112] BAUMGART (1992:101).
[113] Zur Unterscheidung weiterer Sloganformen vgl. BAUMGART (1992:87ff.).
[114] Vgl. MÖCKELMANN / ZANDER (1975:28).
[115] Vgl. dazu auch ZIELKE (1991:86f.).
[116] Vgl. ZIELKE (1991:36).
[117] Ebd.

den einzelne sprachliche Auffälligkeiten herausgehoben, so ist zu beachten, dass es für deren genaue Interpretation letztlich stets einer ganzheitlichen Berücksichtigung der Entstehungs- und Rezeptionsbedingungen der gesendeten Werbebotschaften bedarf. Dazu ist es nicht nur erforderlich, die zu analysierende Werbung aufgrund der Art ihrer Gestaltung einem übergeordneten Werbeziel[118] zuzuordnen, sondern es müssen neben den allgemeinen Rahmenbedingungen der Werbung[119] auch die Marktsituation, die gesamte Kampagne, die Werbung der Konkurrenz etc. beachtet werden.

Werbliches Handeln ist stets mit einem bestimmten Sinn und Zweck, d.h. mit einer konkreten Intention verbunden. Natürlich ist es auch in der alltäglichen Kommunikation so, dass die Art einer sprachlichen Handlung von den Intentionen des jeweiligen Sprechers geleitet wird. Dabei ist es jedoch in den meisten Fällen (abgesehen von einer äußerst bewussten, planvollen Vorgehensweise z.B. Gehaltsverhandlungen, Heiratsanträge) so, dass sich der Sprecher kaum erschöpfend über seine Intention im Klaren ist bzw. sich nicht erst die Intention vergegenwärtigt und dann eine bestimmte Handlungsweise als geeignete ins Auge fasst, d.h. es ist vielmehr ein hoher Grad an Routiniertheit vorauszusetzen. „Ohne für den vorliegenden Fall den Entscheidungsprozess durchlaufen zu müssen, ist der Kommunikator demnach in der Lage, die seiner Intention angemessene/ zugeordnete Handlungsweise auszuführen.“[120] Im Gegensatz dazu inszenieren Werbetreibende ihre sprachlichen Handlungen gemäß ihrer Intentionen äußerst bewusst, wobei sie „im Geiste die anzusprechenden Zielgruppen vor Augen haben und deren Bildungsniveau berücksichtigen“.[121] Das bedeutet, dass erfolgsorientierte Kreative als Sender einer Werbebotschaft bei der Inszenierung ihrer sprachlichen Handlungsweise zuallererst an die Menschen denken, die sie ansprechen wollen, denn so wie jeder eine Vorstellung vom idealen Körper hat, trägt jeder eine Schablone von seinem Selbstbild bei sich. „In dem Maße, wie Werbung dieses Selbstbild bedient, wird Werbung Wirkung zeigen; in dem Maße, wie Werbung das Selbstbild ignoriert oder herabsetzt, wird Werbung weniger Wirkung zeigen.“[122] Dementsprechend benutzen Werbetreibende bestimmte Sprachvarietäten – die nach ihrer regionalen Gebundenheit (Dialekte), nach ihrem gesellschaftlich und sozioökonomisch bestimmten Geltungsbereich (Soziolekte wie Schichtensprachen, Gruppensprachen etc.) und nach ihrer Bindung an Alter oder Geschlecht (z.B. Frauensprache, Jugendsprache) unterschieden werden können,[123] um die jeweilige Zielgruppe wirksam anzusprechen und eine Identifizierung mit der Werbebotschaft bzw. eine positive Beurteilung des beworbenen Produktes zu bewirken.

Werden in der Werbung bestimmte Varietäten wie Jugendsprache, Dialekt oder Fachsprache verwendet, so ist davon auszugehen, dass sie nicht mehr im Rahmen

---

[118] Vgl. Kap. 1.2.3.1.
[119] Vgl. Kap. 1.2.2.
[120] SAUER (1998:43).
[121] GASS (1982:1025).
[122] JUNG / VON MATT (2002:96).
[123] Vgl. JANICH (1999a:33).

ihrer sonstigen Gebrauchsbedingungen interpretiert werden können, sondern aufgrund der inszenierten Kommunikationssituation stets in Bezug auf ihre Funktion innerhalb einer bestimmte Werbeintention hinterfragt werden müssen:[124]

In der Werbung ist Jugendsprache nicht mehr als eine eher spielerische Form der Sprache anzusehen, die dazu dient, sich von anderen jugendlichen Gruppen oder Erwachsenen abzugrenzen oder mit sprachlichen Regeln und Konventionen zu experimentieren bzw. die soziale oder diskursive Kompetenz zu erproben.[125] Der Gebrauch von Jugendsprache hat vielmehr die Funktion jugendliche Konsumenten gezielt anzusprechen oder auch anderen, bei weitem nicht nur aus Jugendlichen bestehenden Zielgruppen zu signalisieren, dass es sich beim beworbenen Objekt um ein modernes, innovatives, unkonventionelles o.ä. Produkt handelt.

Dialekte als regional markierte und soziokulturell bedingte sprachliche Eigenheiten werden in der Werbesprache gezielt verwendet, wenn eine diesen Dialekt sprechende Zielgruppe angesprochen und deshalb die Zugehörigkeit des Senders zur sozialen Gruppe des Empfängers suggeriert und damit die Glaubwürdigkeit und Akzeptanz des Senders erhöht werden soll.[126] Aufgrund der medientechnischen Streuung eignen sich für eine mundartliche Ansprache der Zielpersonen vor allem Werbeträger wie regionale Hörfunk- und Fernsehsender,[127] da hier – im Gegensatz zu überregional auftretenden Medien – die Wahrscheinlichkeit wesentlich höher ist, die jeweilige dialektsprechende Zielgruppe zu erreichen. Die Verwendung von Dialekten dient jedoch nicht nur der regionalen Identifikation des Rezipienten, sondern kann auch erfolgen, um einen produktspezifischen Zusatznutzen, wie die Produktherkunft zu betonen (z.B. Werbung für diverse Milchprodukte in bairischen und alemannischen Dialektvarianten).

In besonderem Maße auffällig ist die Verwendung von fachsprachlichen Elementen in der Werbesprache. Fachsprachen dienen normalerweise einer effektiven, dabei weitgehend emotionsfreien Kommunikation zwischen Fachleuten über die Gegenstände ihres Faches.[128] In Werbetexten werden fachsprachliche Elemente jedoch meistens dahingehend zweckentfremdet, dass sie nicht der Verständlichkeit der Inhalte dienen sollen, sondern nur äußerlich wie Fachwörter wirken und somit wissenschaftliche Autorität ausstrahlen sollen.[129]

Von zentraler Bedeutung für die Gestaltung von Werbetexten sind Innovation und Kreativität. Die heutigen, kommunikationsverwöhnten Konsumenten reagieren kaum noch auf herkömmliche Kommunikation ohne Überraschungseffekte; um sie zu erreichen, muss eine kognitive Dissonanz erzeugt, ein Denkprozess ausgelöst, d.h. ein „Nanu!" provoziert werden. Bezogen auf die Strukturen von Werbetexten bedeutet dies, dass gewohnte, gesicherte, also übliche Sprachmuster verlassen werden müssen und damit häufig einen bewussten Verstoß gegen

---

[124] Vgl. JANICH (1999a:34).
[125] Vgl. SCHLOBINSKI / KOHL / LUDEWIGT (1993:211f.), HENNE (1986) und EHMANN (1992).
[126] Vgl. MAYER / ILLMANN (2000:512f.).
[127] Vgl. BAJWA (1995:100).
[128] Vgl. JANICH (1999a:153) und FLUCK (1996).
[129] Vgl. Kap. 4.

Sprachnormen oder Sprachregeln. Dabei handelt es sich jedoch um einen diffizilen Balanceakt zwischen Regelverstoß und Verständlichkeit, weil die sprachliche Gestaltung eines Werbemittels (ebenso wie die visuelle u.a.) einerseits neuartig genug sein muss, um Aufmerksamkeit zu erregen und andererseits für eine breite Zielgruppe verständlich sein muss, ohne zum Denksport zu werden und damit die gewünschte Wahrnehmung zu erschweren. Je kreativer und außergewöhnlicher eine Werbebotschaft gestaltet ist, desto interessanter, aber auch befremdlicher erscheint sie dem Adressaten, das bedeutet „bei zu viel Kreativität geht der positive Motivationseffekt in einem negativen Schwierigkeitseffekt unter".[130]

Für das Hervorrufen von Aufmerksamkeit durch sprachliche Mittel eignen sich vor allem Sprachspiele, die auf verschiedenen sprachlichen Ebenen von Regeln, Normen oder zumindest den Erwartungen der Rezipienten abweichen. Unterschieden wird dabei häufig zwischen Einwort- und Mehrwortspielen sowie textimmanenten gegenüber kontextuellen Spielen. Bezüglich der durch Sprachspiele hervorgerufenen Effekte und Wirkungen differenziert JANICH[131] zwischen unmittelbaren Wirkungen auf die Semantik des Textes bzw. der Anzeige, die sie als ‚sprachspielerische Effekte' bezeichnet, und kognitiven und/oder emotionalen Wirkungen auf die Rezipienten. Als sprachspielerische Effekte ergeben sich in Werbetexten demnach vor allem durch Wortspiele mit Homophonie, Wortkreuzungen oder Morphem- und Silbenersetzungen bedingte Mehrdeutigkeiten sowie Formen der semantischen Verdichtung, die durch grafische und typografische Verfahren, durch Wort- und Morphemwiederholungen, durch Remotivation von Phraseologismen oder Personifizierung von Produkten entstehen kann.

Um eine besondere Form des Sprachspiels handelt es sich im Falle von bewussten, auf witzige Effekte abzielenden Anspielungen auf andere Texte oder ganze Textsorten, sog. Intertextualität.[132] Dabei kann u.a. durch Übernahme lexikalischer Elemente oder syntaktischer Strukturen sowie durch bildliche Anspielungen auf andere Texte Bezug genommen werden. Solche Referenztexte stellen häufig Zitate aus der Literatur, sog. „geflügelte Worte" oder auch andere, in gewisser Weise etablierte Werbetexte, vor allem Slogans, dar. Beispiele für Anspielungen auf andere Werbetexte sind die Schlagzeilen der Sixt-Anzeigen (jeweils mit Abbildungen eines Jaguar): *Ist die Katze günstig, freut sich der Mensch.* (als Referenztext dient der Slogan von Whiskas: ‚Ist die Katze gesund, freut sich der Mensch.') und *Have a break. Have a Cat.* (der Referenztext lautet: ‚Have a break. Have a Kitkat.').

Der Einsatz von Intertextualität in der Werbung ist jedoch nur dann sinnvoll, wenn diese vom Rezipienten erkannt wird und dem Referenztext relativ mühelos zugeordnet werden kann.

---

[130] JUNG / VON MATT (2002:88).
[131] Vgl. JANICH (1999a:148f.).
[132] Vgl. FIX (1997) und JANICH (1997).

2.3.2   Rhetorische Figuren

Rhetorische Figuren verfügen über ein hohes persuasives Potential. Sie werden in Werbetexten vor allem eingesetzt, um den Rezipienten die Behaltbarkeit der werblichen Inhalte zu erleichtern. Rhetorische Figuren differieren hinsichtlich der Häufigkeit ihres Auftretens sehr stark, im Folgenden sollen nur die gängigsten exemplarisch aufgeführt werden:[133]

2.3.2.1   Tropen

Unter dem Begriff Tropus werden in der Rhetorik übertragene oder bildhafte Formen des Ausdrucks zusammengefasst, die durch semantische Substitution zustandekommen. Sie ermöglichen eine – möglicherweise auch emotional aufgeladene – Charakteristik des beworbenen Gegenstandes im Sinne der Werbeintentionen.

Bei Metaphern erfolgt die Ersetzung eines Ausdrucks durch einen anderen bildlichen auf der Basis eines Tertium Comparationis. Der Einsatz von Metaphern ermöglicht in der Werbesprache, dass Werbeinhalte emotional aufgeladen oder verdeutlicht werden. Ein Beispiel dafür ist ein Slogan der Firma Esso *Pack den Tiger in den Tank!*, bei dem der Tiger als Symbol für Ausdauer und Kraft einen Ersatz für den Begriff ‚Benzin' darstellt.

Metaphern sind als Einzelwort oder Wortgruppe in einem Kontext so determiniert, dass sie etwas anderes meinen, als das Wort bzw. die Wortfolge lexikalisch bedeutet. Sie sind also ein sprachlicher Ausdruck, „der durch den Kontext aus einem semantischen Phänomen zu einem metasemantischen Gebilde wird, das entschlüsselt werden muss".[134] Hinsichtlich der Relation zwischen dem Bezugsobjekt (z.B. das beworbene Produkt) und dem metaphorischen Ausdruck ergeben sich verschiedene Arten der Übertragung.

Eine grundlegende Übertragungsweise ist die Dynamisierung, durch die eine mögliche Bewegung einer ding- oder körperhaften Erscheinung gesteigert oder umdeutet wird. Außerdem kann dem Bezugsobjekt eine Bewegung unterstellt werden, zu der es nicht fähig ist. Diese bildhaft geprägten Übertragungen werden beispielsweise häufig für die Werbung von frei verkäuflichen Arzneimitteln oder Kosmetika verwendet.

Solche Dynamisierungen lockern vor allem die Fließtexte von Werbeanzeigen auf und profilieren sie bildhaft. Typischerweise sind sie in den Anzeigen der o.g. Branchen zu finden, da sie z.B. im Arzneimittelbereich in übertreibender Weise scheinbar ablaufende, nicht-sichtbare chemische Prozesse veranschaulichen sol-

---

[133] Der folgende Überblick orientiert sich an BEHRENS (1996:86ff.), SOWINSKI (1998:76ff.) und JANICH (1999a:135ff.), wobei jeweils aktuelle Beispiele herangezogen wurden.
[134] REGER (1980:226f.).

len.[135] In Kosmetikanzeigen bilden sie oft „das Zentrum für die sprachlich und inhaltlich gleichgeartete Aussage einer behaupteten positiven und zugleich sehr raschen Veränderung des Konsumenten".[136]

Dynamisierende Metaphern haben außerdem eine sprachökonomische Funktion, weil sie komplexe chemische Prozesse verkürzt und leichtverständlich darstellen können. Durch ihre plastische, unmittelbar eingängige und emotionalisierende Aussage erregen sie die Aufmerksamkeit der Konsumenten und erzeugen Glaubwürdigkeit.

In der Werbesprache werden tabuisierte oder mit negativen Assoziationen belegte Wörter oftmals mit einem anderen Wort oder Ausdruck umschrieben. Hierzu zählt vor allem die Umschreibung von Reizwörtern durch beschönigende, positiv verhüllende Wörter, sog. Euphemismen. Sie werden überwiegend dort verwendet, wo der eigentliche Ausdruck nicht werbewirksam sein könnte bzw. sich sogar negativ auf die Bewertung der Werbeaussage oder des Produktversprechens auswirken könnte. Zu Letzterem gehören Wörter, die durch beschönigende Ausdrücke ersetzt werden, weil sie über ein für den Rezipienten unangenehmes Assoziationspotential verfügen.

Hingegen werden andere, in ihrer Wirkung als eher neutral einzustufende Wörter durch eine neue Benennung semantisch aufgewertet und erhalten so eine durchweg positive Aufladung[137] (z.B. die Bezeichnung einer Tankstelle als *Servicecenter*).

Derartige Euphemismen verlieren mit der Zeit jedoch oft ihre semantische Funktion, so dass sie wiederum durch neue beschönigende Wörter ersetzt werden müssen, um die werblichen Intentionen zu unterstützen.

Ein weiteres wichtiges Stilmittel der Werbung ist die Entkonkretisierung, durch die Produkte oder Handlungen abstrahiert werden. Dabei lassen sich, wie der Slogan *Maserati. Feuer der Leidenschaft.* zeigt, assoziative Eindrücke erzielen, die beim Rezipienten Emotionen wecken und dazu beitragen, das Image der Marke zu prägen. Entkonkretisierung ermöglicht außerdem gerade im Falle der Low-Involvement-Werbung, die Banalität des Beworbenen durch ungewöhnliche sprachliche Konstruktionen zu verschleiern und die Realität in transzendente Sphären zu entrücken.[138] So ist beispielsweise *Bad Reichenhaller Marken Jodsalz* ideal für alle, die Speisen *mit Liebe verfeinern* möchten, womit die Werbeargumentation auf rein emotionale Ebene gebracht wird.

Eine weitere Möglichkeit mittels Entkonkretisierung im Dienste werblicher Intentionen zu stehen zeigt das Beispiel *Hüllen Sie Ihren Körper in Seide.* Hier wird stilistisch versucht, weniger das konkrete Produkt, die Hautcreme *Dove*, sondern vielmehr die versprochene Wirkung, das seidige Hautgefühl, zu symbolisieren.

---

[135] Vgl. REGER (1980:229).
[136] REGER (1980:229).
[137] Vgl. BAUMGART (1992:56).
[138] Vgl. BAUMGART (1992:57).

Im Gegensatz zur Entkonkretisierung steht die Personifikation, durch die Produkteigenschaften konkretisiert und veranschaulicht werden können. Ein Beispiel für Personifizierung ist die Bezeichnung *Schmutzkiller* für ein Waschmittel, wodurch dessen Reinigungskraft drastisch verdeutlicht werden soll.

2.3.2.2 Syntaktische Figuren

Vom Tropus als einer paradigmatischen, auf Austausch beruhenden Variation können Figuren unterschieden werden, die auf syntagmatischer Variation beruhen. Diese entstehen aufgrund von Abweichungen vom normalen Satzbau oder Störungen der Satzstruktur, hervorgerufen durch Wiederholung, Erweiterung, Kürzung etc.

Neben den Wiederholungen bestimmter Werbevorgänge oder Werbeaussagen, die idealerweise die Wirksamkeit der Werbung erhöhen, zu besseren Erinnerungsleistungen und immer mehr Einstellungsänderung führen, wird Wiederholung in zahlreichen Varianten als Stilmittel eingesetzt. So finden sich in Werbeanzeigen häufig textliche Wiederholungsfiguren, die Verbindungen herstellen und dazu dienen sollen, das Erlernen werblicher Inhalte zu erleichtern oder zu beschleunigen. Ein Beispiel dafür ist die Wiederholung desselben Wortes oder derselben Wortgruppe am Anfang mehrerer aufeinander folgender Satzglieder oder Sätze, die sog. Anapher (*JET KRAFTSTOFF ist nicht gerade aufregend: Immer gleich hohe Qualität, immer penibel kontrolliert und immer gleich gut zum Motor.*).

Besonders häufig ist das Auftreten von Alliterationen, die durch Wiederholungen bzw. Gleichklang der Anlaute betonter Silben und Wörter gebildet werden. Dadurch entsteht eine rhythmusbetonende, leicht einprägsame Ausdrucksform, die eine Verklammerung der betroffenen Wörter bewirkt und diesen Nachdruck verleiht[139] (z.B. *Allianz Versicherung Vorsorge Vermögen.*). Oft wird in eine solche Wiederholungsfigur auch der Produkt- oder Markenname integriert, was seine Wahrnehmbarkeit und Einprägsamkeit verbessert. Der Slogan *Actimel activiert Abwehrkräfte.* ist hierfür ein typisches Beispiel.

Zu den repetitiven Figuren in Werbetexten gehören auch Reime, die vor allem der Rhythmisierung dienen. In neueren Spots oder Anzeigen tritt hauptsächlich der Endreim auf (z.B. *Knorr Essen gut. Alles gut.*), während in älteren Anzeigen auch andere Formen des Reims verwendet wurden, die heute nur sehr selten eingesetzt werden, weil sie sich schnell abnutzen und oft albern wirken.

Ein auffallendes Merkmal von Werbetexten ist grammatikalische Unvollständigkeit, die aber das Verständnis des Sinnzusammenhanges nicht infrage stellt, weil sie das Assoziationsvermögen der Rezipienten aktiviert.[140]

---

[139] Vgl. BEHRENS (1996:92).
[140] Vgl. GROSSE (1966:91).

So treten aufgrund von Auslassungen Störungen des Satzbaus auf, d.h., Wörter oder Satzteile werden ausgespart, es entstehen sog. Ellipsen. Unter Ellipsen werden also Fügungen verstanden, bei denen ein bestimmtes Element fehlt, das für das Verständnis der Werbeaussage entbehrlich ist. Die Auslassung wird durch die kontextgegebene Information ermöglicht, weil die kommunikative Situation eindeutig ist. Sie kann auch aus sprachökonomischen Gründen entstehen oder um Expressivität zu provozieren. Dabei erfolgt die Reduktion eines Satzes in der Werbesprache bewusst, um die Aufmerksamkeit des Rezipienten auf den Text zu lenken.[141] Als extremste Form von Ellipsen treten in der Werbung Ein-Wort-Sätze auf, die keine textliche Ergänzung brauchen, da die gesamte inhaltliche Information durch dieses eine Wort ausgedrückt wird (z.B. *Wo-ich-schon-immer-mal-hinwollte-Paket*).

Die Rhetorik der Figuren erleichtert vor allem die Erlernbarkeit von Slogans. Innerhalb des gesamten Werbetextes spielt sie eine eher geringe Rolle, wichtiger ist vielmehr, dass die Reihenfolge der Argumente dem persuasiven Ziel der Anzeige entspricht.

Insgesamt muss betont werden, dass abhängig von der jeweiligen Zielgruppe, dem beworbenem Objekt, der Branche, der Agentur etc., die Werbestrategie und somit auch die kommunikationsstrategischen Aspekte variieren, woraus sich zahlreiche Stilvarianten (-arten) ergeben, denen die einzelnen Stilelemente unterzuordnen sind.

EXKURS: POWERED BY EMOTION – MOTIVE FÜR DIE VERWENDUNG VON ANGLIZISMEN

Einerseits kann die Verwendung von Fremdwörtern in der Sprache der Werbung Schwierigkeiten in sich bergen, weil Verständlichkeit und Identifizierbarkeit der Werbeaussagen leiden können. Andererseits ist es unter werbepsychologischen Aspekten sinnvoll, Fremdwörter zu gebrauchen, beispielsweise in Form von Produktnamen oder bei anderen Bezeichnungen, die auf die unverwechselbare Markierung der Produktherkunft abzielen.[142] Letztgenanntes verdeutlichen z.B. ein Slogan der amerikanischen Firma Philip Morris „*Come to Malboro Country*" oder die Ergänzung zur Firmenbezeichnung des französischen Automobilbauers Renault „*CRÉATEUR D'AUTOMOBILES*".

Hinsichtlich ihrer bevorzugten Entlehnungsgebiete erweist sich die Werbesprache als extrem anglophil – mit Ausnahme des Kosmetikbereichs (z.B. Parfumwerbung), der auch frankophile Tendenzen erkennen lässt –, weshalb fremdsprachliche Einflüsse auf die Werbesprache im Folgenden am Beispiel von Anglizismen diskutiert werden sollen.

---

[141] Vgl. BAJWA (1995:54f.).
[142] Vgl. MAYER / ILLMANN (2000:514).

Mit Anglizismus ist hier stets ganz allgemein ein dem Englischen eigener, in einer anderen Sprache nachgebildeter oder verwendeter Ausdruck gemeint, wobei weder zwischen britischem und amerikanischem Englisch noch zwischen verschiedenen Entlehnungsarten o.ä. differenziert werden soll.

Anglizismen beeinflussen natürlich nicht nur die Sprache der Werbung sondern auch den alltäglichen und öffentlichen Sprachgebrauch. In der deutschen Allgemeinsprache steht der angloamerikanische Spracheinfluss außer Frage. Er erreicht alle Lebensbereiche und Wissenschaften, vor allem die Datenverarbeitung und Informationstechnologie, häuft sich im Vokabular moderner Medien, prägt Grußformeln, umgangssprachliche Floskeln usw. Dabei überschneiden sich beide Sprachbereiche, d.h. dass „allgemeine Anglizismen" in der Werbesprache auftreten können und „Werbeanglizismen" in der allgemeinen Sprache.

Die englischen Elemente können sowohl als einzelne englische Wörter als auch als hybride Formen vorkommen, bei denen englische Wörter und Wendungen mit deutschen Wörtern oder anderen Fremdwörtern kombiniert werden (z.B. *Bahn-Card*). Formen der Hybridisierung treten dabei überwiegend als Komposita mit einem englischen Substantiv als Grund- oder Bestimmungswort auf (z.B. *Beauty-Farben, Fun-Paket, Frauen-Power, Alpen-Look*).[143]

Mit Hilfe von englischem Sprachmaterial können außerdem neue Wörter gebildet werden, die es im Englischen nicht oder nicht mit der deutschen Bedeutung gibt (z.B. *Handy*).[144]

Gebrauchsmotive für Anglizismen in der Werbesprache sind häufig stilistische Wirkungen wie die Erzeugung einer besonderen amerikanischen Atmosphäre, eines Lokalkolorits. Die anglo-amerikanische Kultur soll transformiert werden, um so den Rezipienten das Gefühl vom „American way of life" zu vermitteln. So fungiert der Anglizismus, auch englisch-amerikanische Produktnamen o.ä. als Gefühlsträger und Erzeuger einer Lebensauffassung.[145]

Ein weiterer Aspekt für die Verwendung von Anglizismen in der Anzeigenwerbung ist die semantische Aufwertung, wobei der Leser ebenfalls durch das Hervorrufen von Emotionen positiv beeinflusst werden soll. Englische Elemente in der Werbesprache sind im Gegensatz zur Fachsprache, in der sie die Funktion haben, wissenschaftlich festgelegte, genormte Größen zu beschreiben und so für internationale Verwendungszwecke bereitzustellen, stärker manipulierbar. Das heißt, das Fremdwort wird im Idealfall nur mit den Konnotationen ausgestattet, die den Absichten des Werbetreibenden entsprechen. Da der Anglizismus im Sprachsystem der Zielpersonen normalerweise nicht verankert ist, können nicht alle Konnotationen des jeweiligen Wortes transferiert werden.[146] Der in der Fremdsprache unkundige Leser lässt sich von Assoziationen leiten, die beim

---

[143] Eine umfangreiche Sammlung von Amerikanismen und Anglizismen der deutschen Allgemein- und Werbesprache findet sich bei FINK (1997).
[144] Vgl. HOBERG (2000:307).
[145] Vgl. BOHMANN (1996:177ff.).
[146] Vgl. BOHMANN (1996:185f.).

Gebrauch eines Fremdwortes oder Anglizismus ausgelöst werden und verbindet das beworbene Produkt mit persönlichen Vorstellungen oder Erwartungen des jeweiligen Landes. Prototypisch für stilistische Aufwertung sind Anglizismen wie beispielsweise ‚Manager‘, womit ursprünglich ‚Betriebs- oder Fachbereichsleiter‘ gemeint war. Inzwischen wird ‚Manager‘ für viele Berufsbezeichnungen in Industrie und Handel verwendet und hat als Synonym für eine Person, die über herausragende Fähigkeiten und eine (Vor-)Machtstellung in einem Unternehmen verfügt, eine positive Bedeutungserweiterung erfahren. Auch Berufsbezeichnungen, die ein relativ geringes soziales Prestige haben, können heute durch Kombination mit Manager aufgewertet werden (z.B. Assistant Manager).

In der Werbung kann also mit Hilfe von Fremdwörtern das Produkt aufgewertet werden, obwohl der denotative Inhalt der Werbebotschaft der gleiche bleibt und sich lediglich die „sprachliche Aufmachung" ändert. Ein Beispiel dafür ist die Werbung der Kosmetikbranche, in der oft deutsche Wörter durch englische ersetzt werden, ohne dass eine Bedeutungsdifferenzierung intendiert ist. Das heißt Anglizismen wie *Hairstyling* für *Frisieren* oder *Modellieren der Haare* oder die zahlreichen Kompositionen mit *Beauty* erfüllen größtenteils eine aufwertende Funktion und verhelfen dem Produkt zu Exklusivität.[147]
Ebenfalls zu den stilistischen Aspekten der Anglizismenverwendung gehören Techniken der Verschleierung.[148] Zu diesem Bereich zählen v.a. Euphemismen, d.h. die mildernde, verhüllende oder beschönigende Umschreibung für ein mit negativen Assoziationen besetztes Wort. Solche „unangenehmen" Wörter können durch Fremdwörter ersetzt werden, die weniger drastisch und direkt wirken, denn Werbung sollte in der Regel keine Abneigung hervorrufen.

Zu verschleiernden/täuschenden Techniken zählt z.B. die Verwendung des Begriffes ‚light‘ in Markennamen wie *CocaCola light, Malboro lights, Jever Light* etc.. Verbraucher verbinden damit jeweils unterschiedliche Inhalte, aber stets positive Vorstellungen, d.h. weniger Kalorien oder reduzierter Anteil an gesundheitsgefährdenden Stoffen wie Nikotin oder Alkohol. Der Begriff ‚light‘ ist nicht geschützt, so dass Hersteller viele Produkte auch durch unerhebliche Veränderungen zu werbewirksamen „Light-Produkten" machen können.[149]

Für die Verwendung von Anglizismen sprechen außerdem sprachökonomische Erwägungen, da viele englische Wörter eine geringere Silbenzahl haben als ihre deutschen Entsprechungen. Besonders in Werbeanzeigen, die – wenn überhaupt – meist nur flüchtig wahrgenommen werden, kommt es darauf an, dem Leser die Werbebotschaft so knapp wie möglich zu überbringen. Ist das deutsche Wort zu lang oder wird eine Wortgruppe benötigt, um etwas auszudrücken, wofür es einen englischen Begriff gibt, wird dieser deshalb häufig vorgezogen (z.B. (textile) Grundausstattung = *basics* ; kalorienarm = *light*).

---

[147] Vgl. SCHÜTTE (1996:42), BOHMANN (1996:186,188).
[148] Vgl. GALINSKY (1963:134f.).
[149] Vgl. BEHRENS (1996:46).

In Zusammenhang mit der Sprachökonomie steht auch Präzision, weil viele der verwendeten Anglizismen nicht nur kürzer, sondern auch genauer sind. Dazu gehören englische Wörter, die gewisse denotative oder konnotative Bedeutungsinhalte ausdrücken, die im entsprechenden deutschen Wortfeld fehlen.[150] Besonders innerhalb der Fachsprachen wird deutlich, dass bestimmte Termini vorwiegend aus Präzisionsgründen in verschiedene Sprachen übernommen werden, um – völlig emotionslos – kommunikativen Missverständnissen vorzubeugen. Im Deutschen werden oft ganze Phrasen oder Sätze benötigt, um den Inhalt des entsprechenden Fachterminus darzustellen und selbst dann kann oftmals nicht die gesamte Bedeutung wiedergegeben werden. Ein Beispiel dafür ist ‚Notebook‘, ein durchaus nicht auf die Werbesprache beschränkter Anglizismus, der neue Denotate eines sprachlichen Zeichens liefert und dadurch das Bedeutungsfeld erweitert.[151] Ursprünglich bedeutete ‚Notebook‘ Notizbuch, heute steht es in erster Linie für einen kleinen tragbaren Handcomputer mit Bildschirm und Tastatur, in den alles eingetragen werden kann wie in ein Notizbuch; „Personalcomputer im Buchformat".[152]

Anglizismen sind auf vielfältige Weise geeignet, die Ausdrucksmöglichkeiten der deutschen Sprache zu erweitern. Häufig kann dabei funktional nicht eindeutig zwischen semantischer Aufwertung, Erzeugung von Lokalkolorit, Sprachökonomie oder Präzision unterschieden werden, auch erfüllen sie nicht selten mehrere stilistische Funktionen. Fast immer hinterlassen Anglizismen zudem emotionale Wirkungen beim Rezipienten, indem sie Begriffe wie ‚elitär‘, ‚international‘, ‚vornehm‘ etc. assoziieren.

Untersuchungen zur Verteilung von englischen Elementen nach Wortarten ergaben, dass die deutsche Werbung fast ausschließlich englische Substantive (über 92%), selten Adjektive und fast gar keine Verben und Adverbien verwendet.[153] Letzteres liegt sicher nicht nur daran, dass Verben zur Integration in deutsche Texte konjugiert und Adjektive dekliniert werden müssen, sondern hängt auch mit dem überwiegenden Anteil der Substantive am Gesamtwortschatz und der relativen Selbständigkeit des Substantivs zusammen.

Der Einfluss des Englischen auf die deutsche Werbesprache zeigt sich in besonderem Maße auch in der Gestaltung von Slogans, die nicht nur einzelne Anglizismen, sondern komplette englische Phrasen enthalten oder sogar ausschließlich aus englischen Wörtern bestehen können. Offensichtlich setzen die Werbetexter auf das Flair englischer Wörter, wenn z.B. das deutsche Medienunternehmen Kirch-Gruppe verspricht: *„WE KNOW HOW TO ENTERTAIN YOU".*

---

[150] Vgl. PFITZNER (1978:174f.).
[151] Vgl. BOHMANN (1996:196).
[152] DUDEN BAND I.
[153] Vgl. FINK (1997:114).

Obwohl die englische Sprache in Deutschland die erste Fremdsprache ist, die ge-lehrt wird, und somit recht geläufig sein müsste, verfügt laut Studien[154] nicht ein-mal die Hälfte der Bevölkerung über englische Sprachkenntnisse und auch bei der ist der Wortschatz beschränkt. Ungeachtet dessen lassen Werbetexter Slogans für deutsche Firmen ihre Muttersprache vergessen und setzen auf Englisch. Die Bot-schaft des Chemiekonzerns Linde *We know how.* ist nachvollziehbar, das Ver-sprechen der Mietwagenfirma Europcar *YOU RENT A LOT MORE THAN A CAR.* erschließt sich leicht aus dem Zusammenhang ebenso wie die lokale Bestimmung der Citibank *where money lives*, höhere Ansprüche an die Englischkenntnisse stellt schon SAP *THE BEST-RUN E-BUSINESSES RUN SAP.*

Sicher kann davon ausgegangen werden, dass sich die allgemeine Kenntnis des Englischen verbessert hat – natürlich auch aufgrund der steigenden Häufigkeit englischen Wortmaterials innerhalb der Sprache der Medien –, trotzdem bleibt es fraglich, inwieweit der Leser von Werbeanzeigen englische Slogans versteht oder sie überhaupt verstehen soll. Hinzu kommt, dass den Slogans im Gegensatz zu einzelnen Anglizismen in Schlagzeilen oder Texten die Einbindung in einen Kon-text, die das Verständnis erleichtern könnte, fehlt.

Vermutlich ist es in vielen Fällen gar nicht so wichtig, ob der Konsument den Slogan versteht oder nicht, entscheidend ist eher die Wirkung, die von der Ver-wendung der englischen Sprache ausgeht. Die Kombination eines Firmennamens mit einem englischen Slogan suggeriert, dass das Unternehmen international tätig ist und/oder amerikanische Geschäftsmethoden praktiziert. Da amerikanische Ge-schäftspraktiken, Marketing- und Managementtheorien in der Welt eine dominie-rende Rolle spielen, werden sie für die kaufmännische Bewältigung aller nur er-denklichen Situationen angestrebt und erwartet.[155] In der Werbesprache zeigt sich im besonderen Maße diese Amerikanisierung in der deutschen Wirtschaft, be-trachtet man beispielsweise bei den Printmedien Wirtschaftsmagazine wie *Capital* oder *Wirtschaftswoche*, die extrem viele englische Slogans enthalten. Obwohl die werbenden Unternehmen bei Lesern solcher Zeitschriften wahrscheinlich davon ausgehen, dass es sich um eine Zielgruppe mit eher hoher Schulbildung handelt, kann sicher nicht vom umfassenden Verständnis der englischen Slogans ausge-gangen werden. Die Gefahr, dass das Gesamtverständnis leidet, wird zugunsten intendierter Assoziationen billigend in Kauf genommen. Dabei wird versucht, bei den Zielpersonen durch sogenannte Schlagwörter wie *Future, Power, Communi-cation*, das unternehmerorientierte *we know* bzw. das käuferorientierte *you know* etc. positive Assoziationen hervorzurufen.

Weitere Verwendungsgründe für englische Slogans sind neben dem Hervorrufen gewünschter Assoziationen und einer international oder amerikanisch geprägten Imagebildung Modernität und Originalität. Gegen die Verwendung englischer Slogans dürfte sprechen, dass sie – natürlich in Abhängigkeit von ihrer Länge

---

[154] Vgl. FINK (1997:120).
[155] Vgl. FINK (1995:12f.).

bzw. Kürze, der konkreten Wortwahl oder rhetorischer Mittel wie Alliterationen –
wesentlich schwerer erlernbar und behaltbar sind.

3.1   Allgemeines

Das System einer Sprache ist aufgrund sich ändernder individueller oder gesell-
schaftlicher Kommunikationsbedürfnisse einem ständigen Wandel unterworfen.
So bildet auch der Wortschatz kein stabiles abgegrenztes Inventar, sondern erweitert sich durch das kontinuierliche Bedürfnis nach neuen Sprachzeichen.[156]

Das Bedürfnis nach neuen Benennungen kann auf verschiedene Weise befrie-
digt werden. Entweder können bereits im Wortschatz existierende Sprachzeichen
mit neuen Bedeutungen verbunden oder neue Sprachzeichen gebildet werden.
Letzteres geschieht zum geringsten Teil durch Wortschöpfung, d.h. durch die
Schaffung neuer Wortwurzeln, häufiger durch Entlehnung von fremdsprachigen
Lexemen. Die wichtigste Möglichkeit zum Ausbau des Wortschatzes stellt jedoch
die Wortbildung dar.

Wortbildung kann man ganz allgemein als ein Verfahren bezeichnen, bei dem auf
der Grundlage von bereits vorhandenen, bekannten Lexemen und Morphemen
nach bestimmten Regeln neue Wörter produziert werden.

Diese neuen Wörter, so genannte Wortbildungsprodukte, können mit Hilfe von
Wortbildungsmodellen[157] beschrieben werden. Dabei handelt es sich um morpho-
logisch-syntaktisch und lexikalisch-semantisch bestimmte Strukturschemata,[158]
nach denen Reihen gleichstrukturierter Wörter erzeugt werden. Zu den Merkmalen, Parametern eines Modells gehört beispielsweise die Wortbildungsbedeutung,
d.h. die verallgemeinerbare semantische Beziehung zwischen den zwei Hauptbe-
standteilen eines komplexen Wortes.

Im Gegensatz zu einfachen Wörtern, deren Bedeutung nicht aus ihren Bestandteilen zu erschließen ist, kann die Bedeutung von Konstruktionen motiviert sein.
‚Motiviert‘ bedeutet in diesem Zusammenhang, dass sich aus der Bedeutung der
einzelnen Konstituenten eines Wortes sowie aus dem vorliegenden Wortbil-
dungsmodell die Bedeutung des Wortes ableiten lässt. Beispielsweise kann aus
der Verbindung der unmotivierten Simplizia *Zins* und *stark* die motivierte Bildung
zinsstark entstehen, deren Bedeutung relativ eindeutig zu erschließen ist (S [*Zins*]
+ A[*stark*] → Wortbildungsbedeutung: X ist A in Bezug auf S).
In diesem Sinne ist jedes Wort zum Zeitpunkt seiner Bildung motiviert.

---

[156] Vgl. WEINRICH (1993:913f.).
[157] auch: Wortbildungsmuster, vgl. ORTNER ET AL. (1991); zur Unterscheidung Wortbildungsmo-
dell und Wortbildungstyp FLEISCHER / BARZ (1995:54f.).
[158] FLEISCHER ET AL. (1983b:245).

Kommt es zur Aufnahme in den Wortschatz, zur Lexikalisierung, festigt sich der Bezug einer Wortbildung zum benannten Gegenstand, Vorgang etc. und die interne semantische Beziehung der Konstituenten verliert an Relevanz, d.h. der Prozess der Lexikalisierung ist gekennzeichnet durch Speicherung und Demotivation. Dabei ist zu unterscheiden zwischen lexikalisierten Wörtern, bei denen der semantische Zusammenhang zwischen den Konstituenten noch erkennbar ist und solchen, die lediglich an ihrer äußeren Struktur als komplexe Bildungen zu erkennen sind.[159]

Schließlich gibt es nicht-lexikalisierte Wörter, die ganz bzw. teilweise neu gebildet wurden und (noch) nicht ins Lexikon eingegangen sind. Sie wurden in einem bestimmten sprachlichen oder situativen Kontext neu geschaffen und gehören nicht zu den für alle Sprecher einer Sprache üblichen Bildungen,[160] sondern sind nichtusuell.

Neben diesen neuen Bildungen besteht das nichtusuelle Wortgut einer Sprache auch aus veralteten Wörtern, die nicht mehr oder selten verwendet werden, weil entweder die Bezeichnung durch eine neue ersetzt oder das Bezeichnete unüblich geworden ist; sowie aus Wörtern, die nur von Teilen der Sprachgemeinschaft verwendet und verstanden werden (z.B. Fach- und Sondersprachen).[161]

Nichtusualität kann beschrieben werden als „Abweichung von Norm und Usus im weitesten Sinn",[162] wobei einige Autoren unter Norm nicht nur das verstehen, was systemberechtigt ist, sondern das, „was in der Technik der Rede traditionell und sozial fixiert, was allgemeiner Gebrauch innerhalb einer Sprachgemeinschaft ist".[163] So wird das System als das „Sprachmögliche"[164] und die Norm als das „Sprachwirkliche"[165] aufgefasst, die lexikalische Norm also als Teilmenge des lexikalischen Systems verstanden.

Nichtusuelle Wörter werden unter bestimmten Bedingungen gebildet, etwa um eine Benennungslücke zu schließen oder eine vorhandene Benennung – aus verschiedenen Gründen – zu variieren.[166] Sie sind nicht im Lexikon gespeichert, sind aber lexikalisierbar.

Normalerweise werden mit Wörtern bereits etablierte Begriffe nur abgerufen. Im Unterschied dazu beinhalten nichtusuelle Wörter einen Begriff, der „im Bewusstsein des Rezipienten nicht fixiert ist, dessen Bildung er im Augenblick der Rezeption der Benennung erst (nach)vollziehen muss".[167] In diesem Sinne steht jedes neu geprägte Wort formal und semantisch der „Erwartungsnorm"[168] des Rezipienten entgegen. Wobei nicht nur neu gebildete Wörter Abweichungen von der

---

[159] Vgl. FLEISCHER / BARZ (1995:18).
[160] Vgl. WEINRICH (1993:914).
[161] Vgl. MÜLLER-BOLLHAGEN (1985:225).
[162] ORTNER / ORTNER (1984:167).
[163] STEPANOVA (1979:66).
[164] BERGMANN (1982:83).
[165] Ebd.
[166] Vgl. FLEISCHER (1983a:41).
[167] BARZ (1987/88:348).
[168] ORTNER / ORTNER (1984:167).

Norm darstellen, sondern jede in Form und/oder Bedeutung auffällige Benennung, die nicht im Lexikon gespeichert ist, weil jede dieser Benennungen im Widerspruch zu etablierten Begriffen und damit zur Erwartungsnorm steht.[169]

Werden Wortneubildungen unmittelbar auf den Erwartungshorizont des Rezipienten abgestimmt, so können sie sein Interesse auf einen bestimmten Punkt lenken und Aufmerksamkeit erregen.[170] Dazu eignen sich vor allem Bildungen, die von der Norm abweichen bzw. gegen die Regularitäten der vorhandenen Wortbildungsmodelle verstoßen und dadurch über einen expressiven Charakter verfügen.

Auffälligkeit entsteht durch die Überschreitung von Normen auf allen Ebenen der Sprachstrukturen sowie hinsichtlich regionaler, sozialer bzw. stilistischer Faktoren,[171] Vor allem die folgenden sprachlichen Faktoren sind häufig verantwortlich für die auffällige Normabweichung nichtusueller Wörter:

- G r a p h i s c h e Faktoren können Auffälligkeit beispielsweise in Form von mehreren Bindestrichen, Großbuchstaben oder Anführungszeichen innerhalb eines Wortes (z.B. *Hydro-Regulativ-System*, *BauSparen*, *HUKgünstig*) oder durch Getrenntschreibung einzelner Lexeme (z.B. *Duo-Aktiv Complex*, *Hydro Cure System*) bewirken.

- M o r p h o l o g i s c h e Faktoren führen zur Normabweichung u.a. durch Hinzufügen oder Einsparen einzelner Wortteile oder Buchstaben (z.B. die häufige Verwendung der Verbfugenvariante -e- bei Komposita wie *Schmusewolle*). Bei anderen Bildungen kann das gesamte von ihnen repräsentierte morphologische Muster auffällig sein (vgl. Satzkomposita wie *Esgrüntsowellnessgrün*).

- L e x i k a l i s c h - s e m a n t i s c h e Faktoren bedingen häufig Normüberschreitungen durch die unübliche Verknüpfung einzelner Wörter, indem beispielsweise fachsprachliche oder fremdsprachliche, nicht zum heimischen Wortschatz gehörende Wörter mit usuellen verbunden werden (*Physio-Umwandlung*, *Animatic-Express-Handtuch*). Dabei erhöht sich der Grad der Auffälligkeit entsprechend dem Kontrast, der durch die unmittelbare Kombination von usuellem und nichtusuellem Wort entsteht.

Gegenüber diesen in verschiedener Hinsicht auffälligen Bildungen werden nichtusuelle Wörter, „die auf dem Hintergrund stark ausgebauter morphologischer oder semantischer Paradigmen entstehen",[172] eher als gebräuchlich empfunden. Viele dieser Neubildungen erscheinen in keiner Weise auffällig, „und es bedarf genauer Betrachtung, um sie als neu oder nicht geläufig zu qualifizieren".[173] Es erweist

---

[169] Vgl. BARZ (1987/88:349).
[170] Vgl. WELLMANN (1984:410).
[171] Vgl. ORTNER / ORTNER (1984:170ff.).
[172] Vgl. ORTNER / ORTNER (1984:167).
[173] STEPANOVA / FLEISCHER (1985:172).

sich auch als schwierig, genaue Kriterien dafür anzugeben, wann ein Wort als ‚neu' definiert werden soll. Klar scheint nur, dass das Fehlen einer Wortbildung in den neuesten Wörterbüchern, „kein Indiz für Ihre Neuheit"[174] ist: „Erstens kann die lexikographische Kodifikation schon rein chronologisch nicht Schritt halten mit dem Aufkommen neuer Wörter. Zweitens kann das Wörterbuch nicht alle neu entstandenen WBK [Wortbildungskonstruktionen] aufnehmen, und es braucht dies auch gar nicht zu tun. So bleibt das Urteil über eine im Text auftretende WBK als ‚neu' in vielen Fällen bis zu einem gewissen Grade intuitiv – gemessen an der Kompetenz des Beurteilers."[175]

Neu gebildete Wörter sind nicht im gleichen Maß nichtusuell, deshalb unterscheidet man zwischen so genannten Neologismen und echten Ad-Hoc-Bildungen.

Neologismen befinden sich „sozusagen auf der Eintrittsschwelle in das Wortschatzgebäude einer Sprache",[176] sie nehmen „in bezug auf die sprachliche Tätigkeit eine Zwischenstellung im Wortschatz ein".[177] Von etablierten, seit langem gebräuchlichen Wortschatzeinheiten unterscheiden sie sich dadurch, dass „1. entweder die Form und die Bedeutung oder 2. nur die Bedeutung der betreffenden Einheit von der Mehrheit der Angehörigen einer bestimmten Kommunikationsgemeinschaft über eine bestimmte Zeit hinweg als neu empfunden wird".[178] Abhängig davon, ob die Form und die Bedeutung oder nur die Bedeutung relativ neu sind, kann zwischen zwei Typen von Neologismen differenziert werden: 1. Neulexeme und 2. Neubedeutungen.

Neulexeme sind demnach simplizische oder komplexe Wörter,[179] die in ihrer Einheit aus Form und Bedeutung im deutschen Wortschatz bisher bzw. bis zu einem bestimmten Zeitpunkt nicht vorhanden waren. Um Neubedeutungen handelt es sich, wenn bei einem im Deutschen etablierten mono- oder polysemen Lexem eine neue lexikalische Bedeutung, ein neues Semem, hinzugekommen ist.

Neologismen dienen dazu, den Bedarf an Neubenennungen in einer Sprachgemeinschaft zu befriedigen. Sie kommen in einem bestimmten Abschnitt der Sprachentwicklung in einer Kommunikationsgemeinschaft auf, breiten sich aus, werden als sprachliche Norm akzeptiert und in dieser Zeit von der Mehrheit der Sprachbenutzer als neu empfunden.[180]

Als wesentliche Abgrenzungskriterien der Neologismen von anderen Neubildungen wie z.B. Ad-hoc-Bildungen, die im oben definierten Sinn keinen Neologismenstatus haben, können Usualisierung, Lexikalisierung und somit Integration innerhalb der Sprachgemeinschaft angesehen werden.

---

[174] FLEISCHER (1983a:41).
[175] Ebd.
[176] BREKLE (1986:186).
[177] STEPANOVA / FLEISCHER (1985:167).
[178] HERBERG (2001:92).
[179] Phraseologismen sollen an dieser Stelle nicht berücksichtigt werden.
[180] Vgl. HERBERG (2001:92).

Ad-hoc-Bildungen, Augenblicksbildungen, Einmalbildungen oder Okkasionalismen[181] können zwar durchaus mehr als „einmal" gebraucht werden, unterscheiden sich jedoch von den Neologismen hauptsächlich durch ihre geringere Häufigkeit.[182] Sie werden nachdem sie gebildet, gebraucht und verstanden sind, entweder wieder vergessen oder finden unter bestimmten Bedingungen, abhängig davon, inwieweit „die kommunikative Praxis über die gelegentliche Anwendung hinaus ihrer bedarf",[183] als Neologismen Aufnahme in den Wortschatz einer Gruppe oder Gesellschaft.[184] Das heißt, okkasionelle Bildungen können durch häufige Wiederverwendung in den usuellen Wortbestand einer Sprache eingehen. Dabei ist es in vielen Fällen problematisch, eine scharfe Abgrenzung zwischen Neologismen und Okkasionalismen vorzunehmen, sondern es ist von einem breiten Übergangsfeld zwischen Okkasionalismen einerseits und lexikalisierten Bildungen andererseits auszugehen.

Okkasionelle Bildungen sind durch ihre Prägung und textgebundene Verwendung noch keine Einheiten des Lexikons, sie werden nicht „als fertige Bildungen dem Wortschatz entnommen, ‚reproduziert', sondern wie syntaktische Wortgruppen und Sätze im Text nach den entsprechenden Wortbildungsregeln ‚produziert'".[185] Aus der Perspektive des „Produzenten" ist der Okkasionalismus dann zum Zeitpunkt seiner Bildung stets in dem Sinn motiviert, „dass er eine Zeichenkombination bildet, deren einzelne Bestandteile mit ihren Bedeutungen für ihn relevante Merkmale des Gegenstandes bzw. seines Verhältnisses zu ihm ausdrücken".[186] Der Rezipient hingegen, der die Wortbildung zu dekodieren hat, muss den Bezug auf den benannten Gegenstand allein durch die Bedeutung der motivierenden Bestandteile und deren semantische Beziehung untereinander herstellen. Dabei setzt die richtige Dekodierung neben sprachlichem Wissen (Wissen bezüglich der Regeln, nach denen neue Wörter gebildet werden sowie über die lexikalische und grammatische Bedeutung von Lexemen) auch Sachwissen voraus.

HERINGER[187] bezeichnet das über das Sprachwissen hinausgehende Wissen als ‚gemeinsames Wissen' der Kommunikationspartner. Das gemeinsame Wissen besteht aus Dauerwissen und für das Verstehen aktiviertem Wissen, sog. ‚Laufwissen'. Große Teile dieses Laufwissens sind ständiges Wissen, wozu zum Ersten das generische Wissen, d.h. Wissen über allgemeine Zusammenhänge der Welt, des sozialen Umgangs, der Kultur etc., gehört. Zum Zweiten zählt dazu das episodische Wissen, welches Wissen über früheres Geschehen usw. enthält. Andere Teile des Laufwissens sind Wissen, das man aus der konkreten Kommunikationssituati-

---

[181] Im Folgenden sollen die Termini ‚Okkasionalismus' und ‚Wortneubildung' verwendet werden.
[182] STEPANOVA / FLEISCHER (1985:167).
[183] STEPANOVA / FLEISCHER (1985:174).
[184] Vgl. ORTNER / ORTNER (1984:166).
[185] FLEISCHER (1983a:46).
[186] FLEISCHER / BARZ (1995:16).
[187] Vgl. HERINGER (1984a) und (1984b).

on (z.B. gestische und mimische Handlungen der Kommunikationsteilnehmer) und aus dem Kontext entnimmt.

Neue Wörter treten textgebunden auf und verfügen „zum Zeitpunkt ihrer aktuellen Bildung auch nur über eine Textbedeutung".[188] Dies bedeutet allerdings nicht, dass die Interpretation jedes neu gebildeten Wortes nur in Abhängigkeit vom Kontext möglich ist.

Eine Reihe solcher Bildungen kann durchaus ohne spezifische Kenntnisse und Kontextbezüge verstanden werden. So dürfte es beispielsweise keine Schwierigkeiten bereiten, ohne Textzusammenhang die Bedeutung eines Wortes wie *unkaputtbar* zu erschließen, da die Bedeutung der einzelnen Konstituenten sowie die Motivationsbedeutung der Bildung relativ eindeutig sind.[189] Liegt ein höherer Grad an semantischer Komplexität vor, macht der Kontext – sofern nicht vom Text her Mehrdeutigkeit beabsichtigt ist – die Bedeutung eines neu gebildeten Wortes eindeutig.

Für den Textrezipienten ist das Verstehen mehrdeutiger Bildungen prinzipiell schwieriger als das Verstehen eindeutiger Einheiten. Letzteres gilt aber nur dann, „wenn der Kontext nicht das notwendige Maß an Disambiguierungshilfen liefert, und es sich außerdem um sprachliche Einheiten handelt, die wegen ihres relativ seltenen Vorkommens im Gedächtnis des Sprachbenutzers weniger zugänglich sind, als sprachliche Einheiten mit hoher Frequenz."[190] Solche häufig verwendeten Einheiten können dann besonders leicht rekonstruiert werden, wenn die lebensweltliche Erfahrung als eine Art Filter wirkt, der die Identifizierung von Wortbildungserscheinungen erleichtert, die Begriffsbildung fördert, Wahrnehmung, Lernprozesse, Interferenzprozesse steuert und beim Aufbau von Meinungen und Auffassungen hilft.[191]

---

[188] MATUSSEK (1994:33).
[189] Auf die Normabweichung in der Hinsicht, dass das Suffix *-bar* sich zum Ausdruck von Passivität normalerweise mit verbaler und nicht adjektivischer Basis verbindet, soll an dieser Stelle nicht näher eingegangen werden.
[190] WILSS (1985:280).
[191] Vgl. WILSS (1985:278ff.).

3.2 Zur Beschreibung neuer Wortbildungen

Geht man der „pragmatischen" Frage nach, welche Faktoren für die Auswahl einer bestimmten lexikalischen Einheit entscheidend sind bzw. warum in einer bestimmten Situation eine bestimmte Bezeichnung für eine bestimmte Bedeutung ausgewählt wird, so bedarf es vor allem der Betrachtung von semasiologischen und onomasiologischen Aspekten.

Da die meisten Wörter nicht nur eine einzige, sondern zwei oder mehrere Bedeutungen haben, beziehen sich semasiologische Beschreibungen auf diese verschiedenen Bedeutungen einer Wortform und deren Beziehung zueinander.

Wenn eine Wortform zwei oder mehrere Bedeutungen aufweist, die alle etwas gemeinsam haben und sich aus einer Grundbedeutung ableiten lassen, so ist sie polysem. Zu unterscheiden von der Polysemie ist die Homonymie.

Sie liegt vor, wenn zwei Wörter lediglich dieselbe Form haben, ihre Bedeutungen aber nicht in einer Beziehung zueinander stehen, weil sie auf verschiedene etymologische Wurzeln zurückgeführt werden.

Die einzelnen Bedeutungen von Wortformen weisen jeweils einen unterschiedlichen Grad an Prominenz auf. Als stark prominent sind dabei solche Bedeutungen eines Wortes aufzufassen, die unter allen übrigen Bedeutungen besonders hervortreten, d.h. typischer sind.

Während eine semasiologische Beschreibung also von der jeweiligen Wortform ausgeht und deren verschiedene Bedeutungen analysiert, beginnt eine onomasiologische Betrachtung mit einem bestimmten Bedeutungskonzept und untersucht dann die Wörter, die zur Bezeichnung dieses Konzeptes vorhanden sind. Im Zentrum einer onomasiologischen Beschreibung stehen daher Wörter, die bedeutungsgleich bzw. -ähnlich oder synonym sind, entgegengesetzte Bedeutungen haben, d.h. antonym sind, sowie Wörter, die konzeptuell in Beziehung zueinander stehen, sog. Wortfelder.[192]

Ebenso wie es unter semasiologischen Gesichtspunkten Prominenzeffekte gibt, auf Grund derer es möglich ist, Aussagen darüber zu treffen, welche Einzelbedeutungen eines Wortes als Erstes erinnert oder am häufigsten gebraucht werden, gibt es diese Effekte in onomasiologischer Hinsicht. So werden bei einer hierarchisch geordneten Wortreihe (z.B. Tier, Hund, Dackel), die vom Allgemeineren zum Spezifischen übergeht, die Wörter auf der sog. Basisebene (z.B. Hund) am ehesten verwendet, wenn auf ein bestimmtes Phänomen Bezug genommen werden soll. Das deutet darauf hin, dass beispielsweise Bezeichnungen auf der basalen Ebene prominenter sind als andere.[193]

Die Auswahl einer bestimmten lexikalischen Einheit bzw. einer bestimmten Bezeichnung wird sowohl durch semasiologische als auch durch onomasiologische Prominenzeffekte bestimmt. Das heißt zum einen, „daß eine Sache eher durch eine lexikalische Einheit benannt wird, wenn diese ein gutes, typisches Bei-

---

[192] Vgl. PÖRINGS / SCHMITZ (1999:26f.).
[193] Vgl. PÖRINGS / SCHMITZ (1999:38f.).

spiel für die jeweilige Kategorie darstellt".[194] Zum anderen bedeutet es, dass ein Referent bevorzugt durch den sprachlichen Ausdruck bezeichnet wird, der sich stärker eingebürgert, also im Sprachgebrauch stärker eingeschliffen hat als ein anderer.

Ebenso kann die Beschreibung neuer Wortbildungskonstruktionen unter onomasiologischen und semasiologischen Gesichtspunkten erfolgen:

Im Mittelpunkt einer onomasiologischen Betrachtungsweise steht der Prozess der Bildung der Wörter, der Syntheseaspekt der Wortbildung. Es geht um die Frage, welche Wortbildungsmodelle bzw. -typen zum Ausdruck bestimmter begrifflicher Tatbestände bzw. zur Bezeichnung der in ihnen abgebildeten Erscheinungen usw. der Wirklichkeit benutzt werden. Dazu ist es notwendig, die Regularitäten zu erfassen, die einer neuen Bildung zugrunde liegen, was in den meisten Fällen[195] bedeutet, den jeweils produktiven Wortbildungstyp zu ermitteln und zu beschreiben.

Wortbildungstypen sind produktiv, wenn sie für die Bildung neuer Wörter genutzt werden. Sie sind unproduktiv, wenn sie zwar als gespeicherte Wortbildungsprodukte durchaus noch in Reihen im Lexikon vertreten sind, jedoch nicht mehr zur Erweiterung dieser Reihen verwendet werden. Produktive Wortbildungstypen stellen somit offene, erweiterungsfähige Wortbildungsreihen dar, wobei die Produktivität eines Typs nicht mit der Häufigkeit seines Vorkommens im Lexikon oder im Text korreliert.[196]

Wie viele Wörter nach einem bestimmten Wortbildungstyp gebildet werden, hängt abgesehen von außersprachlichen Faktoren wie beispielsweise dem Bedürfnis nach einer spezifizierenden Bezeichnung vor allem von system- und normbedingten innersprachlichen Restriktionen ab, denen der Wortbildungstyp unterliegt.

Bei systematischen Restriktionen handelt es sich um Beschränkungen, die im Sprachsystem regelhaft angelegt sind und daher zur Charakteristik des Wortbildungstyps insgesamt gehören. Sie können in phonologische, morphologische und semantische Beschränkungen unterteilt werden.

Phonologische systematische Restriktionen liegen beispielsweise in Verbindung mit Fremdelementen vor, wenn z.B. das Präfix *de-* grundsätzlich nicht zu Wortstämmen tritt, die mit einem Vokal beginnen (z.B. *dekontaminieren* vs. *desorientieren*) oder anstelle des Negationspräfixes *in-* vor den labialen Verschlusslauten (p, b) und dem labialen Nasal (m) die Variante *im-* steht (z.B. *intolerant, immobil*). Des Weiteren können phonologische Restriktionen u.a. die Wahl der so genannten Fugenelemente und anderer Interfigierungen bestimmen.

Systematische Restriktionen morphologischer Art betreffen vor allem die morphologische Struktur der als Ableitungsbasen zulässigen Wörter. Ein typisches Beispiel dafür ist die Wahl der kombinatorischen Suffixvarianten *-heit, -keit,*

---

[194] PÖRINGS / SCHMITZ (1999:46).

[195] Diese Einschränkung bezieht sich auf die Tatsache, dass es auch Wortneubildungen gibt, die nicht in ein Strukturschema vorhandener Wortbildungstypen passen.

[196] Vgl. HANSEN ET AL. (1990:32f.).

-igkeit oder der Ausschluss präfigierter Basen bei der Bildung deverbaler Nomina actionis auf *Ge-...-e*.[197]

Im Allgemeinen ist festzustellen, dass die Ableitungsmöglichkeiten umso geringer werden, je mehr Ableitungsstufen ein Wort bereits enthält.

Systematische Restriktionen semantischer Art ergeben sich grundsätzlich aus der Notwendigkeit der semantischen Kompatibilität der Konstituenten, wobei sie nicht in jedem Fall rein „logisch" begründbar und übereinzelsprachlich gültig sein müssen.[198]

Semantische Restriktionen blockieren z.B. die Verbindung von Synonymen zum substantivischen Determinativkompositum (*Abfallmüll).

Nun lassen sich derartige systembedingte Restriktionen durch Regeln erfassen und sind dadurch voraussagbar. Im Gegensatz dazu können asystematische Beschränkungen nicht exakt durch Regeln erfasst werden. Sie ergeben sich aus den in der Sprachverwendung entstandenen Normen und müssen bei der Beschreibung von Wortbildungen insofern berücksichtigt werden, als häufig eine Diskrepanz zwischen dem vom System her Möglichen und dem als normgemäß Akzeptierten besteht, also keinesfalls jede systemgerechte Bildung auch als normgerecht angesehen wird.

Die asystematischen/normbedingten Restriktionen der Wortbildung haben mehr oder weniger zufälligen Charakter und sind deshalb auch nicht voraussagbar.

Im Allgemeinen gilt, dass solche Wortbildungsmodelle eine hohe Produktivität aufweisen, die nur geringe Restriktionen in Bezug auf die formativstrukturelle und semantische Beschaffenheit der Konstituenten aufweisen. Dazu zählen z.Zt. u.a. die Modelle deverbaler Adjektive auf *-bar* oder deverbaler Substantive auf *-er* und *-ung*.[199]

Die Bildung neuer Wörter geht zum großen Teil auf Analogieprozesse zurück.[200] Dabei werden bestimmte, d.h. produktive Modelle für Wortneubildungen genutzt, andere Wortbildungsmodelle wiederum nicht.

Produktive Modelle sagen mögliche neue Wörter vorher.[201] So können auch Okkasionalismen Tendenzen über die künftige Wortschatzentwicklung aufzeigen, indem manche Modelle in bestimmten Textsorten extrem häufig genutzt werden, also hochproduktiv sind oder bisher nicht oder kaum verwendete Modelle für die Bildung neuer Wörter relevant werden.

Neben der Frage nach der Produktivität eines Wortbildungsmodells bzw. -typs ist auch in pragmatischer Hinsicht die Wortbildungsaktivität der Lexeme relevant, worunter ihre Eigenschaft verstanden wird, als Teile von komplexen Wörtern oder

---

[197] Vgl. FLEISCHER / BARZ (1995:56).
[198] Vgl. HANSEN (1990:35).
[199] Vgl. FLEISCHER / BARZ (1995:57).
[200] Vgl. MOTSCH (1999:18ff.) in Anlehnung an PAUL (1886).
[201] Vgl. MOTSCH (1999:18ff.).

als Ausgangsform für nicht kombinierende Wortbildungsarten (z.B. Konversion) dienen zu können. Sie kann je nach Wortbildungsart gesondert betrachtet werden, so ist beispielsweise unter Kompositionsaktivität eines Lexems dessen Inklination als Erst- oder Zweitglied von Komposita aufzutreten zu verstehen.

Hinsichtlich der Wortbildungsaktivität einzelner Wortfelder haben sich als wichtigste Einflussgrößen für den Grad an Aktivität die morphologische und semantische Struktur der Lexeme sowie ihre außersprachliche Relevanz herausgestellt.[202]

Zwischen Synonymen bestehen häufig semantische Unterschiede im konnotativen Bereich; Lärm (unmarkiert) – Radau (,gesprochen') – Krach (,pejorativ'), dabei haben konnotierte Wörter aufgrund ihrer Verwendungsbeschränkungen einen geringeren Gebrauchswert, d.h., sie sind nicht universell einsetzbar und in diesem Sinn von geringerer außersprachlicher Relevanz, weshalb mit einer schwächer ausgeprägten Wortbildungsaktivität zu rechnen ist. Außerdem wird, wenn Strukturunterschiede zwischen den Synonymen bestehen, das Lexem zur Komposition bevorzugt, das die wenigsten Grundmorpheme enthält. Das bedeutet, dass Simplizia und Derivate grundsätzlich kompositionsaktiver sind als Komposita.[203] Im Fall polysemer Lexeme erweisen sich unmarkierte zentrale Lesarten (z.B.: die erste Bedeutung von ,Medizin' im Sinne von ,Wissenschaft vom gesunden und kranken Menschen, von Krankheiten usw.') als relevant, was in einer entwickelten Kompositionsaktivität zum Ausdruck kommt. Eher periphere bzw. „nachgeordnete" Lesarten (z.B.: die zweite Bedeutung ,Arznei') wirken sich demgegenüber aktivitätshemmend aus.[204]

3.2.1 Wortbildungsregeln

Der Begriff der Wortbildungsregel wird in der Literatur unterschiedlich definiert, häufig wird er als Synonym zum Begriff des Wortbildungsmodells oder -musters verwendet.

Im Folgenden sollen Wortbildungsregeln jedoch als einzelne Merkmale oder Parameter eines Wortbildungsmodells bzw. eines Wortbildungstyps aufgefasst werden. Regeln in diesem Sinne dienen als Hilfsmittel für die Beschreibung von Wortbildungsprozessen, indem sie als deskriptive Regeln durch Induktion Merkmale höherer Ordnung herausstellen oder – als Erzeugungsregeln prädiktiv die möglichen (nicht: die korrekten) Konstruktionen umgrenzen, was allerdings in der Definition des „Möglichen" zumindest eine verdeckte Normierung mit einschließt.[205]

---

[202] Vgl. FLEISCHER / BARZ (1995:60).
[203] Vgl. BARZ (1997:267 ff.).
[204] Vgl. BARZ (1997:268 ff.).
[205] Vgl. GLOY (1987:120).

Das Vorhandensein von Wortbildungsregeln dient zum einen der systematischen Beschreibung von Wortbildungserscheinungen. Zum anderen ermöglichen solche Regeln ein zielorientiertes sprachliches Handeln auf der Basis stabiler, interindividuell gültiger Konventionen. Zudem erlauben sie Voraussagen über die Erwartbarkeit bestimmter Wortbildungserscheinungen in bestimmten Kommunikationszusammenhängen sowie in bestimmten Textsorten.

Der Regelerwerb im Bereich der Wortbildung stellt einen Prozess komplizierter Wissensaneignung dar, „der auf mentalen Dispositionen beruht und dem Sprachbenutzer ermöglicht, kognitive Prozesse und Sprachverwendungsprozesse als die Aktivierung von Regeln zu betrachten, die wir im Rahmen des Spracherwerbsvorgangs erlernt haben und mit denen wir im Rahmen unserer kommunikativen Bedürfnisse und unserer sprachlichen Kombinationsfähigkeit dynamisch umgehen können".[206] Das heißt, dass der Sprachbenutzer bei der Produktion und Rezeption von Wortbildungen nicht jedes Mal eine völlig neue Leistung erbringen muss, sondern sich in den meisten Fällen auf „analoge" Leistungen (basierend auf sprachlicher Erfahrung) beschränken kann. Der Sprachbenutzer hält sich an bestimmte Handlungsformen und Formulierungsmuster; er produziert und verarbeitet sprachliche Informationen nach bestimmten Erwartungshaltungen, wobei er durch die Regelgeleitetheit seines sprachlichen Verhaltens für den Empfänger ein verlässlicher Kommunikationspartner ist.

Auch wenn unklar ist, inwieweit sich Sprachbenutzer der mitunter sehr diffizilen Regeln bewusst sind, ist davon auszugehen, dass sie ein ausgeprägtes Gespür für die Bedeutung von Regeln in der Sprachverwendung haben.

Im Folgenden soll am Beispiel der nominalen Wortbildung auf zentrale Wortbildungsarten eingegangen werden. In diesem Zusammenhang werden exemplarisch einige Wortbildungsregeln beschrieben, die relevant für das in Kap.4 zu diskutierende Materialkorpus sind.

3.2.2   Zum Substantiv

3.2.2.1   Komposition

Neue Substantive entstehen in den meisten Fällen durch Komposition. Soll beispielsweise eine neue Sache oder ein neuer Gegenstand (z.B. die kaum wärmeleitfähigen Henkel an Kochtöpfen) bezeichnet werden, so wird vielfach das übliche Gattungswort bzw. ein eher prominentes Wort aus dem betreffenden semantischen Feld (in diesem Fall: *Griff*) zur Grundlage des Kompositums gewählt und das bedeutungsvollste oder präziseste Wort aus dem die neue Sache oder den neuen Gegenstand umgebenden Sinnzusammenhang (so z.B. *Kaltmetall*) davor gesetzt. In diesem Fall handelt es sich um den Normalfall der Komposition, um eine Zu-

---

[206] WILSS (1985:283f.).

sammensetzung aus zwei prinzipiell lexemfähigen Konstituenten, nämlich Grundwort und Bestimmungswort, das so genannte Determinativkompositum (z.B.: *Kaltmetallgriff*).[207] Durch den im Grundwort genannten Oberbegriff wird das Gemeinte umrissen und mit Hilfe des Bestimmungswortes nach Art eines unterscheidenden Merkmals festgelegt.[208] Dabei ist das Grundwort als zweite Konstituente grammatisch entscheidend, weil es Wortart und Genus des Kompositums festlegt. Das bedeutet, substantivische Komposita enthalten als Zweitglied stets ein Substantiv. Als Bestimmungswort kommen prinzipiell einfache Wörter bzw. Stämme aller Wortarten, komplexe Wörter und auch Wortgruppen für die Bildung eines Substantivkompositums in Frage. Am häufigsten werden Substantive, deutlich seltener Adjektive und Verbstämme als Erstglieder verwendet.

Im Unterschied zu Wortgruppen oder Sätzen sind die semantischen Beziehungen zwischen den Gliedern eines Kompositums weniger explizit. Zwar können auch in einer Wortgruppe unterschiedliche Beziehungen dem gleichen Strukturmodell zugrunde liegen, aber es besteht grundsätzlich, z.B. durch Einschub lexikalischer Elemente, die Möglichkeit zur Verdeutlichung. Beim Kompositum ist diese Option hingegen nicht vorhanden. Die Beziehung zwischen Erstglied und Zweitglied kann nur durch Paraphrasierung, d.h. Übergang auf die Ebene des Satzes bzw. der Wortgruppe deutlich gemacht werden:[209] *Hautalterungsschutz* – Schutz vor Hautalterung; *Herzschutz* – Schutz für das Herz; *Rundumschutz* – Schutz, der rundum wirkt.

So wird einerseits deutlich, wie vielfältig die semantischen Möglichkeiten sind, die sich durch die kompositionelle Verbindung von Wörtern ergeben. Andererseits stehen dadurch häufig verschiedene Interpretationen offen, worin abhängig von der Kommunikationssituation Vorzug und Schwäche dieses Bildungstyps liegen.[210]

Die im jeweiligen Fall „richtige" bzw. „aktuelle" Interpretation der Komposita erschließt sich aufgrund sprachinterner Informationen über die semantische Beziehung der Konstituenten und usualisierter Beziehungen zwischen Benennung und Bezeichnetem, mit Hilfe von Weltwissen sowie durch die textstrukturelle und situative Einbettung.[211]

Auch wenn Komposita prinzipiell durch syntaktische Parallelkonstruktionen paraphrasiert werden können, so bedeutet dies jedoch nicht, dass in praktischer Hinsicht Kompositum und Wortgruppe bzw. Satz austauschbar sind. Vor allem in Bezug auf textstrukturelle und stilistische Aspekte ergeben sich aufgrund der Unterschiede zwischen Wortstruktur und Wortgruppenstruktur deutliche Gebrauchsdifferenzen. So kommen Komposita häufig besondere Funktionen für den Satz-

---

[207] Auf den vergleichsweise seltenen Fall des Kopulativkompositums, bei dem die zwei Konstituenten so kombiniert werden, dass beide nebeneinander als gleichberechtigt gelten, soll an dieser Stelle nicht eingegangen werden.
[208] Vgl. WELLMANN (1984:408).
[209] Vgl. FLEISCHER / BARZ (1995:89).
[210] Vgl. EICHINGER (2000:75f.).
[211] Vgl. FLEISCHER / BARZ (1995:94f.).

und Textaufbau zu, indem sie der Reduzierung längerer Attributketten oder nach dem Verweisprinzip von Anaphorik und Kataphorik dem Aufbau von Textstrukturen dienen.[212] Kommen dabei die Konstituenten eines okkasionellen Nominalkompositums im Vortext dieses Kompositums vor, handelt es sich um einen anaphorischen Prozess. Erscheinen die Konstituenten implizit oder explizit im Nachtext der Neubildung, liegt ein kataphorischer Prozess vor. Anaphorische und kataphorische Prozesse sind als Anweisungen für den Rezipienten zu verstehen, seine Aufmerksamkeit entweder zurück, auf den bisher bekannten Text zu richten und bekannte Informationen zu aktualisieren oder nach vorne, auf den folgenden Text zu konzentrieren.

3.2.2.1.1 Substantiv als Erstglied

Die prototypischste und häufigste Variante der substantivischen Komposition ist die Verbindung von zwei Substantiven. Was einerseits mit dem großen Anteil der Substantive am Gesamtwortschatz, andererseits mit der in der Oberflächenstruktur nicht expliziten großen Vielfalt an unterschiedlichen Typen semantischer Beziehungen zusammenhängt, die zwischen zwei Substantiven bestehen können. Bei Komposita mit substantivischem Erstglied sind „zweifellos die Möglichkeiten der Komposition am besten entwickelt, da die Form der Bildungen die wenigsten Aussagen macht, und gelegentlich auch gar nicht so weit explizierbar ist".[213]

Die Struktur der substantivischen Konstituenten kann wiederum sehr vielgestaltig sein; es treten Simplizia und komplexe Bildungen auf, wobei die Komplexität nur selten das Zweitglied, sondern meistens die erste Konstituente betrifft.[214]

Für die Komposition aus zwei Substantiven gibt es kaum Restriktionen, normalerweise ist lediglich eine gewisse semantische Kompatibilität der beiden Glieder erforderlich. Semantisch inkompatibel sind unter anderem Synonyme (z.B. *Dreckschmutz, *Liftfahrstuhl*), auch die Verbindung von zwei substantivischen Personenbezeichnungen unterliegt normalerweise stärkeren Restriktionen (z.B. *Vaterfreund*). Aus solchen semantisch bedingten Beschränkungen ergeben sich jedoch kaum eigentliche Blockierungen, semantisch inkompatible Verbindungen bewirken Expressivität, wodurch sie eben nicht für jede Textsorte geeignet sind.

Wie bereits angedeutet sind die semantischen Beziehungen von Komposita aus zwei Substantiven äußerst vielfältig, wobei von einer „prinzipiellen Offenheit"[215] der semantischen Relationen zwischen Erst- und Zweitglied (und somit der Wortbildungsbedeutung[216]) auszugehen ist, die sich durch die textuelle und situative

---

[212] Vgl. WILDGEN (1982a und b).
[213] EICHINGER (2000:121).
[214] Vgl. ORTNER ET AL. (1991:13).
[215] OLSEN (1986:59).
[216] Im Folgenden bezeichnet A das Erstglied und B das Zweitglied.

Einbettung sowie aufgrund der jeweiligen Konstituentenbedeutungen einschränken lässt.

Als wichtigste Typen semantischer Relationen bei substantivischen Determinativkomposita nennt EICHINGER die folgenden:[217]

Ausgehend von übergeordneten Subjekts- und Objektsrelationen stehen auf der Subjektseite die Typen ‚Agens‘ (‚A erzeugt B‘: *Armani-Jeans, Männergespräch, Bosch-Qualität*) und ‚Prozessual‘ (‚mit A vollzieht sich etwas‘: *Pulsschlag*). Daran schließen sich unmittelbar kausale Relationen der Art ‚A ist die Ursache von B‘ (z.B. *Feuerschaden*) sowie Typen ‚Material/Konstitutional‘ (z.B. ‚A bildet B‘ bzw. ‚B entsteht aus A‘: *Müllgebirge, Sauerstoff-Perlen*) an. Auf der Objektseite befinden sich Typen wie ‚Patiens‘ und ‚Objektive‘, in deren Nähe finale Relationen, d.h. Ziel- und Zweckangaben wie ‚B ist bestimmt/geeignet für A‘ (*Privatkunden-Bank, Genießerregionen, Kinder-Sonnenmilch*). Im Anschluss an die Zweckangaben werden u.a. die Kategorie des Mittels (‚B wird mittels A gemacht‘: *Bombenattentat, Deo-Schutz, Aroma-Therapie*), identifizierende Angaben sowie ‚adverbiale‘ Typen des Ortes (‚B befindet sich/vollzieht sich in A‘: *Auslandserfolg, Straßenschlacht*) und der Zeit (‚Zeitpunkt/-raum von B wird in A genannt‘: *Morgenpost, Herbstgeflüster, Adventskaffee*). Schließlich sind unter Objektsrelationen noch die Typen des Themas (‚B bezieht sich auf Thema A‘: *Gartenzeitschrift*) und des Bereichs (‚B betrifft den Bereich A‘: *Logistikqualität, Ausstattungsreichtum, Hormonkrise*) sowie sich auf der Subjektseite eine allgemeine Relation des Habens findet. Letztere wird repräsentiert durch Kategorien wie ‚Possessiv‘ (‚A besitzt B‘: *Firmenwagen*), ‚Ornativ‘ (‚A ist versehen mit B‘: *Wandbehang*) und ‚Partitiv‘ (‚A hat (obligatorisch) Teil B‘; *Tischplatte*).

Gesondert zu betrachten sind Komposita mit metaphorischer Bedeutung.[218] Die semantischen Relationen innerhalb der sog. Kompositionsmetaphern beruhen auf dem Vorhandensein eines Tertium Comparationis, wobei die durch Erst- und Zweitglied bezeichneten Sachverhalte unterschiedlichen semantischen Kategorien angehören (z.B. *Kostenlawine*). Zu unterscheiden sind in diesem Zusammenhang „komparativ-exozentrische" und „komparativ-endozentrische" Komposita,[219] d.h. solche, die als Ganzes metaphorisiert sind (*Milchstraße*) und solche, bei denen nur jeweils eine Konstituente metaphorischen Charakter hat. In Komposita wie *Blütentraum, Steuerschraube* und *Informationsflut* ist das Zweitglied der Bildspender und das Erstglied der Bildempfänger. Dabei kann das Erstglied für das ganze Kompositum stehen, vgl. *Informationsflut*, die auf jeden Fall ‚Information‘ ist. In Komposita wie *Ölpest* ist zwar das Zweitglied ebenfalls der Bildspender, jedoch ist das Erstglied nicht im selben Maße semantisch dominierend, sondern es ist unter Einschränkung von einem ausgewogenen Verhältnis semantischer Gleichwer-

---

[217] Vgl. EICHINGER (2000:118ff.).
[218] Zur Frage, ob metaphorische Bildungen überhaupt dem Bereich der Wortbildung zuzuordnen sind, vgl. LIPKA (1994:13ff.).
[219] Vgl. ORTNER / ORTNER (1984:58ff.).

tigkeit zwischen den Konstituenten auszugehen.[220] Weitere Beispiele für diesen Kompositionstyp stellen expressive Personenbenennungen mit metaphorischen Tier- (*Spaßvogel*) oder Gegenstandsbenennungen (*Jammerlappen, Glückspilz*) dar.

Umgekehrt ist es in Komposita wie *Sackgasse* oder *Kopfbahnhof*, bei denen das Erstglied als Bildspender und das Zweitglied als Bildempfänger fungiert, wobei – wie üblicherweise beim Determinativkompositum – das Zweitglied für das Ganze stehen kann.[221]

Kompositionsmetaphern haben durch die unmittelbare Verbindung von zwei lexematischen Bestandteilen, die Sachverhalte bezeichnen, die sehr unterschiedlichen außersprachlichen Kategorien angehören und normalerweise nichts miteinander zu tun haben, häufig eine sehr starke und überraschende Wirkung. Da sie lediglich auf Gegenstände, Sachverhalte etc. verweisen, können sie somit – im Gegensatz zu entsprechenden syntaktischen Gruppen – weder wahr noch falsch sein.[222]

Neu gebildete metaphorische Komposita sind oft nur innerhalb eines Textes verständlich. Im Unterschied dazu gibt es lexikalisierte und usuelle Kompositionsmetaphern, bei denen hoher Bekanntheitsgrad und Verwendungshäufigkeit dazu geführt haben, dass die für den Metaphorisierungsprozess konstitutive semantische Unverträglichkeit zwischen den beteiligten Einheiten automatisiert und durch einen Lexikoneintrag ersetzt wurden, der das ursprüngliche figurative Motivationspotential verdeckt[223] (z.B. *Wolkenkratzer, Fuchsschwanz, Augenblick*). Jedoch bieten solche demotivierten Kompositionsmetaphern – ebenso wie alle lexikalisierten Substantivkomposita – vielfältige Möglichkeiten zur okkasionellen Remotivation.

3.2.2.1.2 Adjektiv als Erstglied

Ein weiterer erwartbarer Typ des Substantivkompositums ist der mit einem Adjektiv als Erstglied. Gegenüber den Kombinationen aus zwei Substantiven ist die Verbindung von Adjektiven und Nomina stärker eingeschränkt. In der Regel wird ein adjektivisches Simplex verwendet, wobei die einzelnen Adjektive in unterschiedlichem Maße kompositionsaktiv sind. So gibt es beispielsweise kaum substantivische Komposita mit den Erstgliedern *albern, klug, krank* oder *brav*. Einfluss auf die Kompositionsaktivität hat auch die semantische Klasse der Zusatzglieder, so sind z.B. Kombinationen aus Adjektiv und einfacher Personenbezeichnung wie *-frau, -mann, -kind* sehr selten und wirken daher auffällig. Ebenfalls stark eingeschränkt – jedoch eher aus morphologischen Gründen – ist die Bildung von Komposita, bei denen das Erstglied ein adjektivisches Derivat mit dem Suffix

---

[220] Vgl. FLEISCHER / BARZ (1995:99f.).
[221] Ebd.
[222] Vgl. DE KNOP (1987:5).
[223] Vgl. KÄGE (1980:98).

-bar, *-ig*, *-isch*, *-lich* usw. ist. Kompositionsinaktiv sind auch Adjektive mit den Präfixen *erz-*, *miss-*, *un-*, und *ur-* sowie Verbindungen mit zwei oder drei Adjektiven als Erstglied eines substantivischen Kompositums äußerst selten sind.[224]

Die als Erstglieder verwendeten Adjektive stehen gewöhnlich in der Grundform (z.B. *Kleinkind*), geläufig sind auch Superlativformen: *Höchststrafe*, *Bestleistung*. In vereinzelten Fällen, in denen das Erstglied im Komparativ erscheint, handelt es sich normalerweise um Ableitungen aus verbalen Wortgruppen oder Verbkomposita[225] (z.B. *Besserwisser*, *Weiterbildung*).

Als Bestimmungswörter sind auch Partizipialformen möglich, wobei am ehesten das Partizip II (z.B. *Gebrauchtwagen*), nur in Ausnahmefällen ein Partizip I (z.B. *Lebendgewicht*) verwendet wird.

Die semantische Typologie ist bei Substantivkomposita mit adjektivischem Erstglied weit weniger vielfältig als mit substantivischem. Das Erstglied gibt gewöhnlich eine Eigenschaft des durch das Zweitglied benannten Objektes an – ähnlich wie eine adjektivisch-attributive Wortgruppe – oder dient der Verstärkung bzw. Abschwächung. Im erstgenannten Fall besteht der Unterschied zur Wortgruppe darin, dass „das Kompositum einen Spezialfall dessen meint, was mit einer entsprechenden attributiven Fügung ausgedrückt würde".[226] Charakteristisch ist für Bildungen dieses Typs, dass sie eine Tendenz zu mehr oder weniger stark ausgeprägter Demotivierung zeigen (z.B. *Großstadt*, *Grünanlage*, *Freistaat*).

Bei adjektivischen Erstgliedern die eine „verstärkende" bzw. „abschwächende" Wortbildungsbedeutung prägen, handelt es sich zum einen um Augmentativbildungen mit *Groß-*, *Hoch-*, *Voll-* o.ä., zum anderen um den Diminutiva semantisch nahe stehenden – z.T. negativ wertenden – Komposita mit *Klein-*, *Schwach-*, *Halb-*, usw.[227]

3.2.2.1.3 Verb als Erstglied

Bildet ein Verb das Bestimmungswort eines substantivischen Kompositums, können verschiedene Formen als Wortbildungselement verwendet werden. Am häufigsten ist der reine Verbstamm, d.h. ohne Infinitivendung *-en* (z.B. *Mähvergnügen*), oder ein Verbstamm mit einer e-Fuge (z.B. *Vorzeigepreis*).[228] Finite Verbformen begegnen eher selten als Erstglied eines Substantivkompositums (z.B. *Kannbestimmung*, *Sollbruchstelle*). Verwendet werden die Verbstämme simplizischer Verben oder eines aus dem Präfix, Partikel o.ä. zusammengesetzten Verbs

---

[224] Vgl. FLEISCHER / BARZ (1995:103ff.).
[225] Vgl. WELLMANN (1984:446).
[226] EICHINGER (2000:121).
[227] Vgl. FLEISCHER / BARZ (1995:106ff.).
[228] In einigen Komposita kann formal wie auch semantisch sowohl ein substantivisches als auch ein verbales Erstglied vorliegen. Die Möglichkeit einer solchen Doppelmotivation ist im Folgenden nicht immer auszuschließen, soll hier jedoch nicht näher betrachtet werden, weil sie in pragmatischer Hinsicht unproblematisch ist.

(z.B. *Baustein, Entladerampe, Anschnallpflicht*). Bei Bildungen mit einfachen Verben wird häufig ein zusätzliches adjektivisches oder substantivisches Bestimmungselement vorangestellt (z.B. *Feuchthaltevermögen, Wohlfühlprogramm, Energiespar-Kombi, Aromaschonverfahren*), in diesen Fällen liegt als Erstglied eine Wortgruppe vor.[229]

Für die semantischen Beziehungen in den Komposita vom Typ Verb + Nomen gilt allgemein, dass das Bestimmungswort einen Vorgang oder eine Handlung angibt, durch den der im Grundwort genannte Gegenstand oder Begriff näher charakterisiert wird.[230] Die auftretenden Wortbildungsbedeutungen ähneln denen mit substantivischen Erstgliedern. Relativ stark ausgebaut sind ‚Instrumental' (‚B ist Mittel für A', z.B. *Sparmaschine* – Maschine mit der man spart), ‚Agens' (‚B tut A', z.B. *Verwöhnaroma* – Aroma, das verwöhnt), ‚Patiens' (‚mit B wird A getan (ist A getan worden)', z.B. *Mixgetränk*), ‚lokal' (‚A vollzieht sich in B', z.B. *Duschkabine* – Kabine, in der man duscht), ‚kausal' (‚A ist die Ursache von B', z.B. *Lachfalte* – Falte, die durch Lachen entsteht) und ‚thematisch' (‚A ist thematischer Bezugspunkt von B', z.B. *Spritzvergnügen* – Vergnügen, das das Spritzen betrifft).

3.2.2.1.4 Wortgruppe als Erstglied

Immer häufiger liegt als erste Konstituente eines Substantivkompositums nicht ein Wort bzw. ein Wortstamm vor, sondern eine syntaktische Wortverbindung.

In der Regel handelt es sich bei solchen Erstgliedern um nichtsatzwertige Wortgruppen, in selteneren Fällen kommen allerdings auch Sätze vor (z.B. *Wo-ich-schon-immer-mal-hinwollte-Paket, „Verbessern Sie Ihre Rente"-Idee*).

Bei substantivischen Wortgruppen begegnen am häufigsten Fügungen aus adjektivischen Attribut und Substantiv, die als Kompositum weniger problematisch sind als als Wortgruppe[231] (z.B. *Bestpreis-Garantie, Langzeit-Hautschäden*). Diesem Typ sollen auch Bildungen zugeordnet werden, deren Erstglied eine Kardinalzahl enthält: *1-Sekunden-Thermometer, Fünf-Sterne-Skigebiet* oder *3-Phasen-Systempflege*.

Weitere Möglichkeiten für substantivische Wortgruppen stellen Präpositionalgefüge dar (z.B. *Außer-Haus-Beratung*), die auch nichtheimische Präpositionen enthalten (z.B. *Anti-Falten-Wirkung, Anti-Bronchitis-Kapsel*) oder nochmals erweitert werden können (z.B. *Rund-um-die-Uhr-Schutz*).

Reihungen mit Durchkopplungbindestrich zeigen – neben den oben genannten Bildungen, die eine Kardinalzahl enthalten – vorwiegend zwei Substantive als Erstglied wie z.B. *Kinder-Gel-Konzentrat, Säure-Basen-Gleichgewicht*.

---

[229] Vgl. Kap. 3.2.2.1.4.
[230] Vgl. WELLMANN (1984:448).
[231] Vgl. FLEISCHER / BARZ (1995:122f.).

Bei Bildungen, die als erste Konstituente zwei Substantive enthalten, werden diese auch häufig explizit durch ‚und' verknüpft: *Katz-und-Maus-Spiel, Leib-und-Seelenregionen*.

Auch verbale Wortgruppen können als Erstglied substantivischer Komposita auftreten: *Handwasch-Öl, Feinfühl-Technik*. Wie bei allen Komposita mit einer syntaktischen Konstruktion als Erstglied besteht auch bei denen, die eine verbale Wortgruppe enthalten, nur eine geringe Affinität zur Lexikalisierung, obwohl derartige Bildungen im täglichen Sprachgebrauch durchaus nicht selten sind.[232]

3.2.2.2 Präfigierung und Suffigierung beim Substantiv

Durch den Zusatz von Präfixen und Suffixen können Basiswörter in eine andere Wortart transponiert und/oder deren Bedeutung modifiziert werden. Zwar verfügen auch Präfixe und Suffixe über eine lexikalisch-begriffliche Bedeutung, diese zeichnet sich aber im Unterschied zu Grundmorphemen durch einen wesentlich höheren Allgemeinheitsgrad aus. Der hohe Allgemeinheitsgrad der Affixbedeutungen bildet wegen der damit einhergehenden wenig eingeschränkten Verbindbarkeit von Affixen und selbständigen Wörtern die Grundlage für die Ausprägung von Reihen. Im Folgenden sollen auch präfix- und suffixartige Wortbildungsmittel, sog. Halbaffixe, in die Systematisierung miteinbezogen werden, insofern sie reihenhaft ausgebildet sind und „einen so weit reduzierten Zeichenwert aufweisen, dass sie in dieser Bedeutung nicht mehr als freie Lexeme verwendet und auch nicht mehr selbst zu Basen der Ableitung werden können".[233]

3.2.2.2.1 Modifikation

Eine einfache Präfigierung von Substantiven führt zur reihenhaft präfigierten Bedeutungsabwandlung, wobei die grammatische Form (Wortart etc.) erhalten bleibt. Ausgehend von den jeweiligen Wortbildungsbedeutungen tragen die einzelnen (Halb-) Präfixe u.a. zur Bildung folgender Substantivgruppen bei:

Negationsbildungen entstehen vor allem durch die Präfixe *nicht-, miss-* oder *un-* (z.B. *Nichtschwimmer, Missachtung, Unvermögen*), wobei im Fall der Bildungen mit *un-* und *miss-* diese Bedeutung auch überlagert werden kann, indem das von der substantivischen Basis Bezeichnete nicht negiert, sondern als negativ bewertet wird (z.B. *Unwetter, Misswirtschaft*).

Augmentativa enthalten die allgemeine Bedeutung ‚groß' wobei diese häufig mit zusätzlich bewerteten Komponenten verbunden ist. Deshalb dienen sie oft dem Zweck, etwas als besonders beeindruckend oder wichtig darzustellen. Neben einzelnen Präfixen wie beispielsweise Un- (z.B. *Unsumme*) erfüllen diese aug-

---

[232] Vgl. FLEISCHER / BARZ (1995:123f.).
[233] WELLMANN (1975:18).

mentative Funktionen vor allem Halbpräfixe wie *Haupt-, Super-, Riesen-, Spitzen-* oder *Top-*. Reihenhaft modifizierend verwendet werden z.B. in fachsprachlichen Bildungen (Halb-)Präfixe griechischen oder lateinischen Ursprungs, wie *Anti-, Hyper-, Mega-, Mikro-, Ultra-, Pseudo-,* oder *Auto-,*[234] die vielfach als Hybridbildungen mit heimischem Substantiv vorkommen oder auch kombiniert mit nichtheimischer Basis verbreitet sind (z.B. *Antikörper, Hyperoxid, Megatonne, Mikrozirkulation, Ultraschall, Pseudokrupp* oder *Autotransfusion*). Der Modifikation sollen auch Bildungen mit *Bio-, Öko-, Euro-*[235] (z.B. *Biomilch, Öko-Standard, Eurokennzeichen*) u.ä. zugeordnet werden, die eine Art Zwischenstellung zwischen den freien Morphemen und den Affixen einnehmen. Wie die freien Morpheme verfügen sie über eine ziemlich präzise lexikalisch-begriffliche Bedeutung, sind aber zugleich – wie die Affixe – gebundene Morpheme, positionsfest und haben die Fähigkeit zur Reihenbildung. Morpheme wie *Bio-, Öko-, Euro-, Tele-* etc. sind häufig erst in den letzten Jahren aufgetreten, aber sogleich sehr produktiv geworden, was u.a. auf ihre (ziemlich eindeutige) Semantik und ihre formale Kürze zurückzuführen ist.[236]

3.2.2.2.2 Transposition

Die Hauptfunktion der Suffigierung ist die Transposition, durch die ein Wort in eine andere Wortart überführt wird, d.h. grammatisch (und auch semantisch) umgewandelt wird. Diese Wortbildungsart ermöglicht beispielsweise aus einem Verb oder einer verbalen Wortgruppe als Ausgangselement durch Anfügen des Suffix *-er* Konkreta wie z.B. personenbezeichnende substantivierte Maskulina zu bilden (z.B. *Bestimmer, Geschäftemacher*).

3.2.3 Zum Adjektiv

Adjektivische Wortbildungsmodelle sind deutlich weniger vielfältig ausgebaut als substantivische. Die spezifischen Merkmale von adjektivischen Wortbildungen ergeben sich daraus, dass „die typische Rolle des Adjektivs die des Determinans ist",[237] woraus zum einen eine gewisse semantische Unselbständigkeit des Adjektivs und zum anderen – in syntaktischer Hinsicht – die Attributstellung als Hauptfunktion resultieren.[238] Das führt dazu, dass beispielsweise diejenigen Modelle besonders entwickelt sind, die der deverbalen und desubstantivischen attributiven „Zuschneidung" dienen (z.B. desubstantivische Derivate auf *-lich* und *-isch* oder

---

[234] Vgl. WELLMANN (1984:463f.).
[235] Nicht in der Bedeutung der wortgleichen Währungsbezeichnung.
[236] Vgl. GRIMM (1997:277f.).
[237] EICHINGER (1982:69).
[238] Vgl. EICHINGER (1982:70ff.).

deverbale Derivate auf *-bar*) oder solche, die eine graduelle Abstufung oder einen Vergleich beinhalten.[239]

Wie Substantive können adjektivische Komposita unter Verwendung von Einheiten aller Wortarten gebildet werden, jedoch treten fast ausschließlich Substantive, Adjektive und Verben als Erstglieder auf.

Dominant sind Bildungen mit substantivischem Erstglied, die häufig aus zwei Simplizia (z.B. naturrein, zinsstark) bestehen oder als Erst- oder Zweitglied ein Suffixderivat enthalten (z.B. messemöglich, bildlastig, feuchtigkeitsstark). Des Weiteren begegnen als Erstglieder u.a. Komposita (z.B. kornblumenblau) sowie Kombinationen aus zwei Suffixderivaten (z.B. bildungsfeindlich).

Adjektivbildungen mit substantivischem Erstglied sind durchweg Determinativkompostita, bei denen das substantivische Determinans der Bildspender eines Vergleichs oder eine Metapher sein kann (z.B. *seidenglatt, aprilfrisch*) oder einen Bereich angibt (z.B. *pilzsensibel, kassenüblich*).[240] Hierzu kommen kausale Relationen (v.a. des Typs ‚X ist B als Ursache von A'), bei denen „zwei potentielle Prädikationen ohne weiteren Kommentar nebeneinander gestellt werden":[241] z.B. *sonnenstrapaziert*.

Bei der adjektivischen Komposition mit verbalem Erstglied gibt der Inhalt des Bestimmungsworts entweder die Ursache (z.B. *duschfrisch*), die Folge bzw. die Wirkung (z.B. *streichelzart*) oder den Geltungsbereich (z.B. *redegewandt*) in Bezug zum jeweiligen adjektivischen Grundwort an.[242]

Etwas größer als bei den Substantiven ist der Anteil solcher Zusammensetzungen, bei denen ein kopulatives Verhältnis zwischen den beiden Gliedern besteht. Kopulative Komposita sind ausschließlich aus Adjektiven zusammengesetzt, wobei ihre Reihenfolge ohne wesentliche semantische Differenzierung vertauschbar ist. Kopulativkomposita können bei Transformation in eine äquivalente Wortgruppe mit ‚X ist A und B' paraphrasiert werden: *cremig-leicht, zart-weich*.

Selten begegnen auch Determinativkomposita mit adjektivischem Erstglied, welches meistens eine graduell abstufende Bedeutung hat (z.B. *hellblau*). Derartige Bildungen stehen in semantischer Hinsicht – ebenso wie die mit verbalem Erstglied – den graduierenden Typen der Präfigierung nahe.

Für die Modelle der Präfigierung einer adjektivischen bzw. partizipialen Basis stehen nur eine kleine Anzahl heimischer Präfixe zur Verfügung (z.B. *erz-, miß-, un-*). Sie tragen hauptsächlich zur Negationsbildung und zur Antonymisierung bei sowie zur Ausdrucksverstärkung bzw. elativischen Hervorhebung.

Der graduierenden Modifikation im Sinne einer Verstärkung oder Steigerung dienen neben heimischen (Halb-)Präfixen wie *erz-, ur-* oder *tod-* (z.B. *erzfaul, ur-*

---

[239] Vgl. FLEISCHER / BARZ (1995:224).
[240] Vgl. EICHINGER (2000:123).
[241] Ebd.
[242] Vgl. WELLMANN (1984:482); zur weiteren Differenzierung semantischer Relationen von Adjektivkomposita, vgl. PÜMPEL-MADER ET AL. (1992:32ff.).

komisch, todunglücklich) zahlreiche entlehnte Lexeme wie *super-* (z.B. *superflexibel*), hyper- (z.B. *hypermodern*), *extra-* (z.B. *extra-cremig*) oder *ultra-* (*ultraleicht*).

3.3 Merkmale von Wortneubildungen der Werbesprache

Im Vergleich zu den oben skizzierten standardsprachlichen Regularitäten soll auf der Grundlage des Materialkorpus an dieser Stelle auf einige formativstrukturelle und/oder semantische Besonderheiten der vorkommenden Okkasionalismen eingegangen werden - zunächst ohne dabei funktionale Aspekte zu berücksichtigen:

Den mit Abstand größten Anteil an Ad-Hoc-Bildungen in den Texten der Printmedien haben Substantivkomposita mit einem Substantiv, einer Wortgruppe oder einem Verbstamm als Erstglied.

Ausgehend von solchen Komposita mit substantivischem Erstglied, bei denen die Wortbildungsbedeutung relativ eindeutig zu erschließen ist, zeigt sich, dass von den oben beschriebenen semantischen Relationen zwischen den beiden Konstituenten vor allem die Typen ‚Agens‘, ‚Final‘ und ‚Bereich‘ auftreten bzw. gut ausgebaut sind. Beim Typ ‚Agens‘ besteht das Erstglied häufig aus einem Firmen- oder Markennamen (z.B. *Gillette-Innovation, Lufthansa-Meilen,* oft auch dreigliedrig: *Aral-Flotten-Management, Capital-Geldanlage-Gipfel*). Charakteristisch für die Bildung des ‚Bereich‘-Typs ist, dass die Grundwörter in vielen Fällen mit positiven Assoziationen verbundene Abstrakta (seltener Konkreta) sind, deren Geltungsbereich durch das Bestimmungswort definiert wird (z.B. *Hautoptimierung, Standortqualität, Stoffwechsel-Aktivator*).

Kompositionsmetaphern treten fast ausschließlich als komparativ-endozentrische Bildungen auf, d.h., dass entweder das Erst- oder das Zweitglied metaphorischen Charakter hat. In den meisten Fällen dient das Zweitglied als Bildspender und das Erstglied als Bildempfänger (z.B. *Schmerzdrama, Fett-Fresser, Punika-Oase, Schleimbagger*), wobei nur vergleichsweise selten das Erstglied für das gesamte Kompositum stehen kann, sondern das Zweitglied vielmehr eine expressive, häufig emotional aufgeladene Bezeichnung darstellt, deren Bereich mit dem Erstglied angegeben wird (z.B. *Tarif-Dschungel, Pflege-Oase*).

Bezüglich der Komposita mit einem Verbstamm als Erstglied kann festgestellt werden, dass vorwiegend ‚instrumentale‘ Typen (z.B. *Sparvorwahl*) und ‚thematische‘ bzw. ‚bereichsangebende‘ Relationen (z.B. *Hör-Genuß*) sowie der Typ ‚Agens‘ (z.B. *Pflege-Coloration, Pflege-Substanzen*) vorkommen.

Annähernd so groß wie der Anteil der Bildungen mit substantivischem Erstglied ist der mit einer Wortgruppe als erster Konstituente. Der überwiegende Teil solcher Wortgruppenkomposita enthält als erste Konstituente eine Fügung mit mindestens einem Substantiv. Dabei treten Reihungen von drei oder mehr Substantiven auf, die mit Durchkopplungsbindestrich verbunden sind: *Europa-Wachstum-Strategie, Nagel-Nacht-Creme, Energie-Gewinn-Glas.* Häufig begegnet als erstes Substantiv einer solchen Reihe ein Marken-, Firmen- oder Produkt-name: *Respectissime-Augenpflege-Programm, HYPO-Bau-Finanzpaket, FÜR-SIE-Herbstzeit-Abo*. Außerdem enthalten Bildungen dieses Typs oft fremdspra-chige Lexeme (z.B. *Body-Line-Serie, Hydro-Lipid-Komplex, Reflex-Action-Rasierer*) und werden in einzelnen Fällen nochmals erweitert: *6-Sitzer-Multifunktions-Großraum-Turbodiesel, 15-Minuten-Service-Garantie*.

Dominant unter den Komposita mit einer Wortgruppe als erster Konstituente sind solche, die als Erstglied eine Verbindung aus einem adjektivischen Attribut bzw. einer Kardinalzahl und einem Substantiv enthalten: *Freilufthungrige, Hoch-leistungs-Antibiotikum, Intensiv-Pflege-Tönung, Langzeit-Aufbauwirkung, Gute-Laune-Faktor, 200-Minuten-Garantie, 2-Phasen-Feuchtigkeitskonzentrat*. Hin-sichtlich der semantischen Beziehungen zwischen den beiden Konstituenten lie-gen häufig Objekt-Typen als ‚machen‘- oder ‚tun‘-Schemata oder Bereichs-Relationen vor.

In vielen Fällen begegnet auch ein einfaches oder erweitertes Präpositionalge-füge – vorzugsweise mit entlehnten Elementen – sowie Fügungen mit einem Ad-verb o.ä.: *Anti-Streß-Rezept, Pre-Sun-Creme, Recontour Anti-Cellulite-Gel, So-fort-Schärfe-Effekt*.

Beispiele für verbale Wortgruppen als Erstglied substantivischer Komposita sind *Energiespar-Kühlschrank, Bauspar-Offensive, Hautschutz-Technik* oder *Feuchthaltesubstanzen*.

Zwischen den zentralen Arten der Determinativkomposition und der Derivation stehen explikative Komposita.[243] Während bei einem Kompositum wie *Antiblo-ckiersystem* noch davon auszugehen ist, dass die als verbale Wortgruppe vorlie-gende 1. Konstituente die 2. Konstituente näher bestimmt (nämlich in dem Sinn, dass die Funktion einer technischen Einheit, die aus mehreren Teilen zusammen-gesetzt und gegliedert ist, angegeben wird), zeigt sich an Bildungen wie *Hautpfle-ge-System, Prophylaxe-System* und *Eigenschutzsystem* eine Bedeutungsverschie-bung in Richtung Erstglied. So bedeutet *Haarpflegesystem* in erster Linie ‚Haar-pflege‘, *Gel-Formel* oder *Schutz-Formel* vor allem ‚Gel‘ bzw. ‚Schutz‘. Derartige Bildungen entstehen in Analogie zu diversen fachsprachlichen Mustern, woraus vermutlich Konnotationen wie ‚wissenschaftlich‘, ‚strukturiert‘ etc. resultieren.

Neubildungen, die durch Präfigierung entstanden sind, enthalten fast aus-schließlich Halbpräfixe, die der elativischen Hervorhebung dienen (z.B. *Super-sparer, Superkühlung, Super-Renditen, Top-Qualität*) bzw. bedeutungsmäßig po-sitiv besetzte Morpheme wie *Bio-* oder *Öko-* (z.B. *BIO-Spülen, BIO-Programm, Bio-Protein, Öko-Milch*).

Der überwiegende Teil der im Korpus auftretenden adjektivischen Wortneu-bildungen entstand durch Komposition, deutlich seltener wurden Techniken der Modifikation und nur vereinzelt der Transposition angewendet. Die letztgenann-ten Formen der Ableitung erfolgten mit den vielfältig verwendbaren Suffixen *-ig*

---

[243] Vgl. EICHINGER (2000:187).

und -*lich*: *zitrusfruchtig, börsentäglich;* in beiden Fällen diente ein substantivisches Kompositum als Basis. Bei der temporalen Ableitung *börsentäglich* handelt es sich eventuell um eine Analogiebildung zu ‚*sonntäglich*' o.ä., was zudem zeigt, dass die -*lich*-Suffigierung von Substantiven mit temporaler Bedeutung durchaus noch einen produktiven Wortbildungstyp darstellt.

Okkasionelle Adjektivkomposita treten fast ausschließlich zweigliedrig auf (z.B. *hauchzart, messemöglich*), zu finden sind außerdem vereinzelte dreigliedrige Bildungen (z.B. *nachsteuerorientiert*). Hinsichtlich der Wortbildungsbedeutung lassen die vorliegenden Bildungen – unabhängig von der Wortartzugehörigkeit des Erstgliedes – zwei dominante Gruppen erkennen: erstens die des ‚Geltungsbereichs' und zweitens eine augmentative, zu der auch die meisten metaphorischen Komposita bzw. Vergleichsbildungen zu zählen sind (z.B. *frühlingsfrisch*). Bei den Vergleichsbildungen handelt es sich mitunter auch um eher affektbetonte Adjektive, die stark jugendsprachlich markiert sind (z.B. *saugünstig, affenstark*).

Als Augmentativa können auch die auftretenden Bildungen mit verbalem Erstglied verstanden werden, wobei nicht immer eine eindeutige Differenzierung bezüglich der Wortartzugehörigkeit des Bestimmungswortes möglich ist (vgl. z.B. *fangfrisch, sprudel-frisch, duschfrisch*).

Bei den Zusammensetzungen aus zwei Adjektiven besteht stets ein kopulatives Verhältnis zwischen den beiden Gliedern (z.B. *zart-weich*).

Adjektivische Präfixbildungen liegen nur in Verbindung mit Fremdelementen wie z.B. *multi-, pro-* oder *supra-* (z.B. *multi-aktiv, probiotisch*), meistens als Hybridbildungen vor. Dabei dienen Hybridbildungen mit den Fremdpräfixen *super-* und *ultra-* (z.B. *superflexibel, ultraleicht, ultrapudrig*) der ‚Steigerung' von Adjektiven mit positiver Wertung, wobei die jeweiligen Wortbildungsbedeutungen im Gegensatz zu älteren Wörtern dieses Typs (vgl. z.B. *superfein, ultraliberal*) nicht die Charakterisierung einer übertriebenen Art oder der Normüberschreitung beinhalten, sondern ausschließlich im positiven Sinn verstärkend wirken.

3.4 Motive für die Bildung und Verwendung okkasioneller Wörter

Die Produktivität eines Wortbildungsmodells „lässt sich nicht mit den üblichen Mitteln linguistischer Kompetenzbeschreibungen erfassen".[244] Es müssen pragmatische und psycholinguistische Aspekte einbezogen werden, um den Gebrauch von Wortbildungsmodellen für Wortneubildungen zu erklären.

Zu den pragmatischen Aspekten für die Verwendung eines Wortbildungsmodells gehört u.a. die Unterscheidung von kommunikativen Anlässen zur Bildung eines neuen Wortes.

---

[244] MOTSCH (1999:20).

ORTNER/ORTNER[245] unterscheiden in ihrer Arbeit, die sich auch mit pragmatischen Aspekten der Kompositabildung beschäftigt, folgende drei Motive für die Bildung neuer Wörter: Zum einen können sachbezogene Gründe vorliegen, wenn bisher unbenannte Größen oder selten auftretende Sachverhalte benannt werden. Dazu gehören z.B. auch Neubenennungen in lyrischen Texten als Beschreibung „innerer Welten", die „immer wieder neu – auch mit neuem lexikalischen Material – versprachlicht werden müssen, um nicht der Gefahr der Konventionalisierung zu verfallen".[246] Des Weiteren können sprachsystematische Motive – hauptsächlich durch Analogieprozesse – zur Wortneubildung führen. Außerdem werden bekannte, bereits benannte Sachen mit aspektvariierenden Wörtern neu bezeichnet, um einen neuen Aspekt an einem schon bekannten Gegenstand hervorzuheben (*Reisekleid: Kofferkleid*). Solche stilistischen Motive bestimmen außerdem die Tendenz, „leicht handhabbare Textelemente zu schaffen statt schwerfällige Wortgruppen zu verwenden",[247] ebenso die „Lust am Verfremdungseffekt",[248] das bewusste Einsetzen von spielerischen, ironischen oder expressiven Sprachmitteln.

MATUSSEK[249] untersucht am Beispiel des Biblis-Korpus okkasionelle Bildungen im Zusammenhang mit ihrem Entstehungskontext, dabei gibt sie drei Funktionen für Wortneubildungen an: Benennung, Sprachökonomie und Textfunktion.

Danach haben Wortneubildungen eine Benennungsfunktion, wenn neue Gegenstände und Sachverhalte sowie neue Sichtweisen von Bekanntem benannt werden müssen.

Eine weitere Funktion liegt in der Sprachökonomie, da in einem neu gebildeten Wort Informationen in einer höchst ökonomischen Art und Weise komprimiert werden können.[250]

Schließlich können Wortneubildungen eine Textfunktion haben, indem sie durch Rückgriffe auf bekannte Information bzw. Vorgriffe auf noch nicht bekannte Information die Aufmerksamkeit des Hörers/Lesers in Bezug auf den Textverlauf steuern.

MOTSCH[251] nennt folgende Grundsituationen anlässlich derer neue Wörter gebildet werden: Erstens benennen Neubildungen Gegenstände, Geschehen und Eigenschaften, für die ein häufiger Kommunikationsbedarf besteht, und erweitern so das Lexikon. Zweitens dienen neue Wörter der syntaktischen Umkategorisierung, d.h., die syntaktische Wortkategorie einer Lexikoneinheit wird geändert und damit die Möglichkeit geschaffen, „eine semantische Repräsentation in verschiedenen

---

[245] Vgl. ORTNER / ORTNER (1984).
[246] ORTNER / ORTNER (1984:169).
[247] ORTNER / ORTNER (1984:169f.).
[248] ORTNER / ORTNER (1984:170).
[249] Vgl. MATUSSEK (1994).
[250] Vgl. MATUSSEK (1994:36).
[251] Vgl. MOTSCH (1999).

syntaktischen Strukturen zu verwenden".[252] Drittens werden neue Wörter aufgrund stilistischer Prinzipien der Textgestaltung gebildet. Sie bleiben häufig nicht-usuell, wirken aber seltener auffällig als Bildungen, die vorwiegend der Lexikonerweiterung dienen.

[252] MOTSCH (1999:20).

4.1   Korpus

In Zusammenhang mit einer Untersuchung bestimmter sprachlich signifikanter Merkmale der Werbekommunikation erweist sich eine Trennung werblicher Erscheinungsformen unter dem Gesichtspunkt ihrer jeweiligen medialen Zugehörigkeit als erforderlich, da sich die einzelnen Medien als Werbeträger in vielfacher Weise voneinander unterscheiden und daher auch ihre Einflüsse auf die Kodierung von Werbebotschaften unterschiedlich sind. Das Materialkorpus dieser Arbeit beschränkt sich deshalb auf gedruckte Werbeanzeigen in deutschsprachigen Zeitschriften.

Neben dem Fernsehen gelten Zeitschriften als klassische Basismedien. Sie eignen sich aufgrund ihrer Vielfalt sowohl zur Erreichung der Gesamtbevölkerung (z.B. Programmzeitschriften) als auch für exakt beschriebene Zielgruppen in Special-Interest-Titeln.[253] Zeitschriften übermitteln Werbebotschaften ausschließlich über den visuellen Kanal, einerseits durch Sprache, andererseits durch statische Bilder, womit die Darstellungsmöglichkeiten wesentlich beschränkter sind als beispielsweise beim Fernsehen, da weder Bewegungsabläufe in Form von bewegten Bildern noch Signale des akustischen Kanals übermittelt werden können. Dadurch ermöglichen Zeitschriftenanzeigen in der Regel eine einfachere linguistische Analyse, außerdem sind sie häufig komplizierter und mit einem geringeren Maß an Redundanz formuliert als Fernsehspots.[254]

Die in den ersten drei Kapiteln verwendeten Beispiele entstammen der stichprobenartigen Untersuchung diverser Zeitschriften in der Zeit von 1995–2000.

Die detaillierte Analyse im praktischen Teil bezieht sich auf die Zeit vom 1. Juli 1998 bis zum 30. Juni 2000 und basiert auf folgenden Zeitschriften: Brigitte, Für Sie, Petra, Schöner Wohnen, Der Spiegel, Stern, Capital, Bunte, AutoBILD, Deutsches Ärzteblatt.

Die Auswahlkriterien[255] für die untersuchten Wortneubildungen waren zum einen der Eindruck von ‚Neuheit‘, der durch den Vergleich mit (Fremd-) Wörterbüchern erhärtet wurde, zum anderen eine auffällige, d.h. von der deutschen Orthographie abweichende Schreibung.

---

[253] Vgl. ALTHANS (1993:401).
[254] Vgl. HEMMI (1994:31).
[255] Vgl. REIN (1988:472).

4.2 Werbestrategische Aspekte von Wortneubildungen

Anzeigenwerbung stellt eine Form der Massenkommunikation dar, die dadurch gekennzeichnet ist, dass Informationen öffentlich, indirekt und einseitig an ein diffuses Publikum herangetragen werden.[256] Für die potentiellen Empfänger bedeutet das zum einen, dass sie aus einer Vielzahl angebotener Printmedien und darin enthaltener Werbeanzeigen nur einige wenige bewusst oder unbewusst selektieren und wahrnehmen können. Zum anderen erlaubt eine solche Kommunikationsform keine Rückfragen und in der Regel entscheidet ein flüchtiger Kontakt mit der Anzeige darüber, wie die darin enthaltenen Aussagen wahrgenommen, interpretiert und unter Umständen auch behalten werden. Für den Produzenten ergibt sich daraus der Zwang zu Kreativität, also zu auffälliger Anzeigengestaltung, um zu gewährleisten, dass die Zielpersonen die Anzeige wahrnehmen. Des weiteren entsteht dadurch die Notwendigkeit, dass sich die Botschaft auf das Wesentliche beschränkt und so formuliert ist, dass sie von den Zielpersonen im Sinne der Produzentenintention verstanden, gelernt und in nachhaltige Erinnerung umgewandelt wird. Dazu ist es erforderlich, strategisch vorzugehen, d.h. einen Plan auszuarbeiten und umzusetzen, bei dem alle möglichen Einwirkungen und Aktionen der Empfängerseite einbezogen werden, und die kommunikativen Probleme zu lösen, die der Zielerreichung entgegenstehen.[257]

Werden die spezifischen Merkmale der werblichen Kommunikationssituation bei der Analyse von Wortneubildungen in Anzeigentexten berücksichtigt, so zeigt sich, dass bei der Betrachtung der Produzentenseite eher onomasiologische Fragestellungen relevant werden, während bei der Betrachtung der Rezipientenseite semasiologische Inhalte von Interesse sind. Werbeproduzenten konzentrieren sich in der Regel darauf, eine Hauptbotschaft und evtl. einige wenige untergeordnete Botschaften auf den 40 Quadratzentimetern einer durchschnittlichen Anzeige unterzubringen und versuchen diese sprachlich und bildlich so zu kodieren, dass sie bei der Zielgruppe ankommt. Werden für die sprachliche Gestaltung dieser Botschaft(en) neue Wörter benötigt, so steht – ebenso wie bei der Auswahl der zu verwendenden lexikalisierten Wörter – die Überlegung im Vordergrund, welches Wort sich unter Berücksichtigung des jeweiligen Werbeziels am besten dafür eignet, eine bestimmte Sache zu bezeichnen bzw. eine bestimmte Funktion innerhalb des Anzeigentextes zu erfüllen. Die angestrebte Funktion der Neubildung im Anzeigentext oder auch im Bild-Text-Zusammenspiel ist beispielsweise dafür entscheidend, ob ein Okkasionalismus auffällig oder unauffällig wirken soll, indem z.B. entweder auf innovative bzw. kreative Weise gegen übliche Wortbildungsregeln verstoßen wird oder eine Bildung in Analogie zu gut ausgebauten Wortbildungsreihen erfolgt. Weitere relevante Einflussgrößen für die Bildung und Verwendung neuer Wörter sind u.a. die textuelle Umgebung, wie z.B. die Einbettung in eine repetitive Figur, die beispielsweise die Verwendung bestimmter Buchsta-

---

[256] Vgl. Kap. 1.1.
[257] Vgl. JUNG / VON MATT (2002:134).

ben oder Silben erforderlich macht sowie das zur Bezeichnung des jeweiligen Denotats zur Verfügung stehende eigene oder fremde Sprachmaterial. In jedem Fall steht für den Produzenten eines neuen Wortes zuerst einmal der Syntheseaspekt der Wortbildung[258] im Vordergrund, wobei er hinsichtlich seiner strategischen Vorgehensweise natürlich jeweils den Analyseaspekt, d.h. die Verstehbarkeit bzw. die Wirkung des neuen Wortes auf den Rezipienten einkalkulieren muss.

Abgesehen davon, dass jedes neue Wort formal und semantisch der Erwartungsnorm des Rezipienten entgegensteht und somit in gewisser Weise immer auffälliger wirkt als etablierte, lexikalisierte Wörter, haben Werbetexter bei der Schaffung einer neuen Bezeichnung prinzipiell die Wahl zwischen extrem auffälligen und eher unauffälligen Wortneubildungen. Dabei ist zu beachten, dass sich innerhalb der Werbesprache, die durch Normabweichung, Kreativität etc. gekennzeichnet ist, andere Kriterien für die Auffälligkeit einer Bildung ergeben als es für die Allgemeinsprache der Fall ist.

Ist es nun die Intention des Werbetexters eine auf den Rezipienten eher unauffällig wirkende Wortneubildung zu schaffen – möglicherweise um durch die Neuheit der Bezeichnung auf die Neuheit des Referenten hinzuweisen oder diese zu suggerieren – so bildet er in der Regel ein Wort in Analogie zu einem bereits vorhandenen und produktiven Wortbildungstyp. Dabei verwendet er natürlich bevorzugt Wortbildungstypen (wie z.B. Substantivkomposita), die nur sehr wenigen innersprachlichen Restriktionen unterliegen und dadurch seinen kommunikativen Handlungsrahmen kaum begrenzen. Okkasionalismen, die einem gängigen Wortbildungstyp entsprechen, erwecken beim Rezipienten auf den ersten Blick den Anschein von Analysierbarkeit[259] bzw. morphologischer Motiviertheit. Abhängig davon, ob der Produzent einer solchen Bildung auch deren vollständige Verstehbarkeit gewährleisten oder lediglich diffuse Assoziationen hervorrufen will, benutzt er für diese entweder Lexeme, die aufgrund ihrer semantischen Komponenten die Gesamtbedeutung des neuen Wortes interpretierbar und eindeutig machen oder z.B. fremdsprachliche und fachsprachliche Elemente, deren Bedeutung von Rezipienten nicht (oder nicht sofort) entschlüsselt werden kann.

Das heißt einerseits, dass sich für die Produktion eher unauffälliger, leicht verstehbarer Wortneubildungen vor allem die Verwendung prominenter Bezeichnungen (wie es z.B. die Wörter auf der sogenannten Basisebene darstellen) sowie – im Falle von polysemen Lexemen – unmarkierter zentraler Bedeutungen anbietet, die die semantischen Beziehungen zwischen den Konstituenten bzw. die Wortbildungsbedeutung schnell und relativ eindeutig erschließbar macht. Andererseits eröffnet die Tatsache, dass bei Wortbildungstypen wie z.B. dem substantivischen Determinativkompositum die semantischen Beziehungen zwischen den einzelnen Gliedern (von Determinans-Determinatum-Beziehungen abgesehen) keinen unmittelbaren Niederschlag in der Form des Kompositums finden und damit häufig

---

[258] Vgl. Kap. 3.2.
[259] Das bedeutet natürlich nicht, dass der Bereich der analysierbaren Wortbildungen nur die produktiven Typen umfasst.

verschiedene Interpretationen offen sind, dem Werbetexter die Möglichkeit, formal analysierbar erscheinende Wörter zu schaffen, die jedoch letztlich keine schlüssige Interpretation zulassen, d.h. nicht verstehbar sind. Für derartige Wortbildungskonstruktionen eignen sich vor allem aus dem Lateinischen oder Griechischen entlehnte Elemente, die dem durchschnittlich gebildeten Rezipienten Wissenschaftlichkeit oder Fachsprachlichkeit suggerieren.

Verfolgt nun der Produzent die Intention ein extrem auffälliges neues Wort zu bilden, so weicht er in den meisten Fällen von gängigen Wortbildungstypen ab bzw. verfremdet auf vielfältige Weise bereits lexikalisiertes Sprachmaterial.

4.3 Die Typen

Sollen nun im Folgenden die im Korpus auftretenden Wortneubildungen nach ihrer Funktion innerhalb der jeweiligen Werbeanzeige differenziert werden, so muss dem Umstand Rechnung getragen werden, dass die Gestaltung von Werbeanzeigen einerseits von den allgemeinen Rahmenbedingungen der werblichen Kommunikation, wie Informationsüberlastung, gesättigte Märkte, Low-Involvement der Konsumenten etc. beeinflusst wird. Andererseits ist sie abhängig von bestimmten Werbezielen, die wünschenswerte Konsequenzen werblichen Handelns beschreiben, um daraus Handlungsimpulse oder situationsspezifische Ideen ableiten zu können.

Als wichtigste Kommunikationsbedingungen der Werbung sind die ständig wachsende Informationsüberlastung und die damit verbundene geringe Involviertheit der Konsumenten anzusehen. Die Tatsache, dass Leser von Publikumszeitschriften nur knapp 2 Sekunden darauf verwenden, eine Werbeanzeige zu betrachten, verdeutlicht den Zwang zu griffiger Kürze und optimaler Platzierung der zu übermittelnden Informationen.

Hinsichtlich der Involviertheit der Werbeadressaten ist zwar normalerweise davon auszugehen, dass sich Konsumenten einer Zeitschrift stärker zuwenden als anderen Medien – wie beispielsweise dem Fernsehen –, d.h., die Aufmerksamkeit ist beim Lesen von Zeitschriften im Durchschnitt wohl größer. Jedoch ist gerade auch bei ganzseitigen bzw. doppelseitigen Werbeanzeigen in Zeitschriften anzunehmen, dass beim Leser keinerlei Interesse für den Inhalt der Anzeige besteht und er stattdessen bestrebt ist, diese möglichst schnell zu überblättern und dabei höchstens beiläufig und äußerst flüchtig wahrzunehmen. Bei den Zielpersonen handelt es sich also um low-involvierte Konsumenten, die sich in der Regel nicht bewusst einer Werbeanzeige zuwenden. Deshalb muss die Anzeige in sprachlicher und bildlicher Hinsicht so gestaltet werden, dass die Werbebotschaft die Zielpersonen erreicht, obwohl sie nur beiläufig und desinteressiert wahrgenommen wird. Das bedeutet zum einen häufig eine Dominanz bildlicher Elemente, weil diese über ein sehr hohes Aktivierungspotential verfügen sowie eine schnelle und bequeme Informationsaufnahme ermöglichen. Zum anderen erfordern derartige Kommunikationsbedingungen eine Beschränkung auf extrem wenig Text. Dieser

Forderung nach Kürze des Textes, Beschränkung auf wenige Einzelelemente bzw. Konzentration auf das Wesentliche entsprechen grundsätzlich – wenn auch in unterschiedlichem Maße – alle neu gebildeten Wörter, da sie genuin ökonomischer sind als entsprechende Wortgruppen.

Bei zahlreichen neuen Bildungen ist zudem davon auszugehen, dass das Streben nach Sprachökonomie das zentrale Bildungsmotiv darstellt, d.h., sie werden vorrangig zu dem Zweck gebildet, den Anzeigentext bzw. das jeweilige Anzeigenelement zu verkürzen, um dadurch dem Leser ein schnelles und leichtes Erfassen der Werbebotschaft zu ermöglichen. Eine andere Gruppe von neuen Wörtern wird offensichtlich aufgrund der Intention verwendet, die Aufmerksamkeit der Zielpersonen zu steuern. Solche Wörter werden wegen ihrer abweichenden bzw. auffälligen Form oder Verwendung dazu eingesetzt, den Anzeigentext origineller, provokanter und attraktiver zu machen, indem sie beispielsweise durch ihre Rätselhaftigkeit auf den Leser herausfordernd wirken und seine Lust am Dekodieren der Botschaft wecken. Schließlich finden sich neu gebildete Wörter deren zentrale Funktion eine suggestive ist.

Im Folgenden soll deshalb von der These ausgegangen werden, dass in Werbeanzeigen auftretende Wortneubildungen – in Abhängigkeit vom vorliegenden Werbeziel und dem Auftreten im jeweiligen Anzeigenelement – im Wesentlichen drei verschiedene Funktionen erfüllen. Sie sollen die Inhalte von Werbebotschaften in sprachlicher Hinsicht entweder verkürzen, verfremden oder verdunkeln.

4.3.1   Typ 1: Verkürzung

4.3.1.1   Allgemeines

Die vorrangige Funktion der Wortneubildungen des ersten Typs ist eine quantitative Reduzierung des Anzeigentextes, womit in vielen Fällen zugleich ein deutliches Hervortreten solcher sprachlicher Elemente ermöglicht wird, die – gemessen am jeweiligen Werbeziel – die grundlegende Aussage/Information der Werbeanzeige enthalten.

Um diesem Anspruch gerecht zu werden, bilden Werbetexter in vielen Fällen neue Wörter:

- die der sprachlichen Ökonomie dienen, weil sie – beispielsweise durch den Wegfall von Flexionsendungen, Präpositionen etc. – kürzer sind als entsprechende syntaktische Fügungen und so die Inhalte der Werbebotschaften in sehr verdichteter Form transportieren können,
- in denen die Information symbolhaft vereinfacht und so dosiert ist, dass die Zielpersonen in der Lage sind, sie aufzunehmen, zu verstehen und zu behalten,
- die eine einfache syntaktische Einbettung oder auch die Integration in rhetorische oder syntaktische Figuren ermöglichen,

- die aufgrund ihrer Neuartigkeit und fehlenden Erwartbarkeit expressiveren Charakter als bereits lexikalisierte Bildungen haben und dadurch in besonderem Maße – v.a. auch in Verbindung mit bildlichen Elementen – dazu dienen können, die Dramatik des Anzeigenaufbaus zu erhöhen.

Als prototypisches Beispiel für diesen Typ ist der in Anzeige 1[260] enthaltene Okkasionalismus *Herzschutz* anzusehen. Einer eindeutigen Funktionszuweisung für diese Bildung soll eine genaue Beschreibung der gesamten Anzeige vorausgehen, um eine ganzheitliche Interpretation unter Berücksichtigung aller Anzeigenelemente zu ermöglichen.

Es handelt sich um eine ganzseitige Anzeige der Bayer AG, bei der insofern in auffälliger Weise vom herkömmlichen Anzeigenaufbau abgewichen wurde, als man auf einen zusammenhängenden Text vollständig verzichtet hat. Auf den ersten Blick weniger auffällig ist das Fehlen eines Slogans, lediglich der Firmenname und das Firmenlogo wurden am unteren Rand plaziert. Den relativ dunklen, fast schwarzen Anzeigenhintergrund bildet eine stilisierte Darstellung des Universum, auf der Sterne und Planeten abgebildet sind. Darauf sind mittig vier Anzeigenelemente angeordnet. Ganz oben steht in starkem Kontrast zum Hintergrund die weiße Headline in sehr großer, fetter Type: *Herzschutz von Bayer*. Darunter sind untereinander zwei Bildelemente angeordnet, deren oberes eine durch zwei Hände gehaltene, hell scheinende Aspirin-Tablette darstellt, die wohl aufgrund ihrer Strahlkraft und des großen Durchmessers für den Stern am Firmament steht und den seit langer Zeit erprobten Nutzen und die bewährte Wirkung des Originalpräparates symbolisiert. Das untere, deutlich kleinere Bildelement ist eine Abbildung einer handelsüblichen Aspirin-Tablettenpackung, die die Wiedererkennung in der Apotheke unterstützen soll, darunter findet sich die Verbindung aus Firmenname und Logo.

Das in der Anzeige beworbene Produkt ist ein gutes Beispiel für die heutigen marktspezifischen Rahmenbedingungen der Werbung. Es handelt sich um ein ausgereiftes Produkt auf einem gesättigten Markt, das keinerlei innovative Eigenschaften aufweist und sich gegen zahlreiche, absolut identische, häufig preiswertere Produkte der Konkurrenz behaupten soll.

---

[260] Vgl. Abb.1.

Offensichtlich basiert diese Werbeanzeige auf der Intention, das Produkt (bzw. die Marke) durch Aktualität zu positionieren, d.h. es von anderen Produkten/Marken dadurch abzugrenzen, dass es eine stärkere gedankliche Präsenz erreicht und von den Zielpersonen bevorzugt als Alternative wahrgenommen wird. Dafür ist es u.a. notwendig, dass die Anzeige auffällig gestaltet, einprägsam und leicht zu erinnern ist und die Marke in den Mittelpunkt stellt.[261] Für die werbliche Umsetzung dieses Ziels, das Produkt Aspirin und die Firma Bayer durch Aktualität abzuheben, ist die Neubildung ‚Herzschut' in mehrfacher Hinsicht gut geeignet. Durch die neue Benennung wird auf eine zwar keinesfalls neue, jedoch oft nicht vordergründig thematisierte Produkteigenschaft aufmerksam gemacht. Es wird in extrem vereinfachter und verdichteter Form auf die Tatsache Bezug genommen, dass der Wirkstoff Acetylsalicylsäure als Thrombozytenaggregationshemmer die Bildung von Blutgerinnseln verhindert und somit der Herzinfarktprophylaxe dient. Für medizinisch vorgebildete Rezipienten (Die Anzeige wurde u.a. im Deutschen Ärzteblatt veröffentlicht.) erschließt sich dieser Zusammenhang sofort und auch für Laien müsste die Wortbildungsbedeutung dieses Kompositums relativ eindeutig sein: es geht um einen ‚Schutz' der den Bereich ‚Herz' betrifft, woraus geschlussfolgert werden kann, dass Aspirin nicht nur gegen Schmerzen und Fieber hilft, sondern außerdem gut für das Herz ist. Die Bildung ermöglicht eine kurze, griffige Headline, in die der Markenname integriert ist, sie ist ausdrucksstark, einprägsam und prägnant, wobei diese Effekte zusätzlich durch die Beschränkung auf extrem wenig Text verstärkt werden.

Ein weiteres Beispiel für den Verkürzungstyp stellt die Wortbildung *Verwöhnaroma-Treue* im zweiten Anzeigenbeispiel[262] dar.

Das optische Erscheinungsbild dieser Anzeige lässt eine starke Orientierung am klassischen Anzeigenaufbau erkennen, wodurch das konservative Image der Marke Jacobs betont wird. Im oberen linken Drittel befindet sich die in typographisch auffälliger Form gestaltete Headline: *So schmeckt die Verwöhnaroma-Treue.* Die Wortneubildung *Verwöhnaroma-Treue* wird innerhalb der Headline noch mal durch größere Lettern hervorgehoben, zudem unterscheiden sich die Anfangsbuchstaben der beiden Unmittelbaren Konstituenten vom übrigen Text hinsichtlich der Schriftart.

Das Hauptbildmotiv dieser Anzeige besteht in der Darstellung einer attraktiven jungen Frau, die mit lächelndem Gesichtsausdruck in der linken Hand einen vollen, dampfenden Kaffeebecher hält und mit der rechten Hand eine Geste macht, die offenbar das Zufächeln des Kaffeeduftes andeuten soll.

Am linken unteren Anzeigenrand ist als Key-Visual das Beworbene selbst abgebildet, das teilweise überlagert wird von einem sog. Insert mit dem Wortlaut: *Ihre Prämie Der JACOBS KRÖNUNG Kaffeebecher von R I T Z E N H O F F.* Rechts neben der Produktabbildung befindet sich ein Fließtext – hier in der Form eines Shortcopy –, der nur zwei Sätze enthält, in denen die Produkt- bzw. Marken-

---

[261] Vgl. KROEBER-RIEL (1993a:82ff.).
[262] Vgl. Abb. 2.

namen wiederum durch Großbuchstaben hervorgehoben sind: *Auf jeder Packung JACOBS KRÖNUNG finden Sie jetzt einen wertvollen Aromapunkt zum Ausschneiden. Schon für 8 Punkte erhalten Sie nach Einsendung einen exklusiven JACOBS KRÖNUNG Becher von RITZENHOFF aus limitierter Serie.* Über dem Fließtext verläuft ein etwa zentimeterdicker goldener Streifen, der – in Analogie zur Produktverpackung – den Markennamen enthält. Unter dem Fließtext befindet sich der Slogan: *DAS KANN NUR DAS VERWÖHNAROMA.*

Die Gestaltung der einzelnen Anzeigenelemente entspricht auch inhaltlich den traditionellen Anforderungen an den Anzeigenaufbau: Das Hauptbildmotiv dient als Blickfang, es soll die Aufmerksamkeit der potentiellen Konsumenten auf sich ziehen und dann auf die Produktabbildung dirigieren. Die Schlagzeile enthält in komprimierter Form die werbliche Kernaussage und wirkt in Verbindung mit dem Bildmotiv als Stimulus, der den Zeitschriftenleser zum Betrachten der gesamten Anzeige verleiten soll. Das Insert enthält noch mal die Zusatzinformation zur Prämien-Sonderaktion und im Shortcopy wird schließlich das thematische Umfeld des werblichen Angebots genauer reflektiert.

Hauptintention dieser Werbeanzeige ist es ebenso wie im ersten Beispiel, das beworbene Produkt durch Aktualität zu positionieren. Dies wird hier mit Hilfe einer Sonderaktion versucht. Die Schlagzeile vermittelt in sehr knapper Form auf die Sonderaktion bezogene Ereigniskenntnisse. Von zentraler Bedeutung ist dabei die Wortneubildung *Verwöhnaroma-Treue*, die durch ihr Erstglied ‚Verwöhnaroma‘ – ein seit Jahrzehnten etabliertes Werbewort – auf die Marke Jacobs und mittels des Zweitgliedes ‚Treue‘ auf den Umstand referiert, dass der Konsument etwas kostenneutral als sog. Werbegeschenk erhält. In diesem Fall geht es – wie das Bildmotiv der Anzeige zeigt – um relativ hochwertige Kaffeebecher. Durch die Bildung des Kompositums wird in sehr verkürzter Form mitgeteilt, dass der Konsument für den regelmäßigen Erwerb von Jacobs-Kaffee belohnt wird. Zwei bereits bekannte Wörter werden miteinander kombiniert, die Wortbildungsbedeutung lässt sich leicht erschließen. Dennoch wirkt die Bildung etwas schwerfällig – möglicherweise weil Verbindungen aus einem Verbstamm und einem Substantiv als Erstglied von Komposita nur selten vorkommen. Es handelt sich hier um eine Einmalbildung, die auf eine einmalige Prämienaktion hinweisen soll. Durch die Integration des „erfolgreichen" Werbewortes ‚Verwöhnaroma‘ wird zudem eine Stärkung der Markenidentität durch den Wiedererkennungseffekt bewirkt. Die Neubildung lässt sich auf einfache Weise in die Schlagzeile integrieren, so dass *So schmeckt die Verwöhnaroma-Treue* als Variation der in der Jacobs-Werbung schon häufiger genannten Floskel *So schmeckt das Verwöhnaroma* fungieren kann.

Ein drittes Beispiel für die Wortneubildungen des Verkürzungstyps stellt das in einer Anzeige der Deutschen Post enthaltene Wort *Bauteil-Lieferung*[263] dar. Die Anzeige dient zur Positionierung der Deutschen Post als Logistik-Unternehmen.

---

[263] Vgl. Abb. 3.

Zu diesem Zweck wurde auf einem gelben Hintergrund (Die Farbe Gelb wird in diesem Zusammenhang zur Wiedererkennung des Unternehmens Deutsche Post eingesetzt.) an zentraler Stelle eine relativ dominante, schwarz unterlegte Headline platziert: *Schon toll, was Mercedes aus unseren Bauteil-Lieferungen macht.* Darüber befindet sich in deutlich kleinerer Schrift die Aussage: *Warum wir der weltweite Logistiker Nr. 1 werden* sowie ebenfalls sehr kleine Abbildungen verschiedener Transportmittel der Deutschen Post. Unter der Schlagzeile wurde scheinbar ein Fließtext untergebracht, der sich jedoch beim genauen Hinsehen als „Blindtext" erweist, d.h. hier nicht als Informationsträger sondern nur als graphisches Kommunikationselement fungiert. Darunter wurde wiederum ein Insert mit dem genauen Wortlaut *Wir werden der weltweite Logistiker Nr. 1. Mit der AKTIE GELB sind Sie dabei.* und einer Telefonnummer eingeschoben. Am oberen rechten Anzeigenrand befindet sich das Logo der *Deutschen Post World Net* mit dem typischen Schriftzug. Als Bildmotiv dient die Darstellung eines *Mercedes Vaneo*.

Die Neubildung *Bauteil-Lieferung* stellt ein in Analogie zu Komposita wie Ersatzteil-Lieferung gebildetes Wort dar, das absolut unauffällig wirkt und dessen Bedeutung vom Rezipienten sofort erschlossen werden kann: Es geht um die Lieferung von Bauteilen. Zudem verraten Schlagzeile und Bildmotiv, dass die *Bauteil-Lieferung* an die Firma *Mercedes-Benz* gerichtet ist.

In funktionaler Hinsicht stellt die Bildung *Bauteil-Lieferung* einen besonderen Fall von Verkürzung dar, denn sie referiert im Rahmen von integrierter Kommunikation auf den Inhalt eines Werbespots. Im Zusammenhang mit der Markteinführung des *Mercedes Vaneo* wurde dieser in die Distributionskampagne der *Deutschen Post World Net* integriert. Diese Kampagne umfasste v.a. einen TV-Spot mit den Brüdern Thomas und Christoph Gottschalk,[264] der in attraktiven Umfeldern auf ARD, ZDF und in Privatkanälen ausgestrahlt wurde sowie o.g. begleitende Anzeige, die in der Wirtschaftspresse und in überregionalen Tageszeitungen erschien. Das Storyboard des TV-Spots lässt sich folgendermaßen zusammenfassen: Ein Mercedes schlängelt sich durch die wunderschönen Straßen einer südeuropäischen Landschaft. Dazu erklingt pathetische Musik und eine kraftvolle Stimme spricht: „Kein Rückspiegel... kein Getriebe... keine Scheinwerfer... kein Lenkrad...". Der Wagen fährt dabei immer schneller und ein Schnitt in den Wagen zeigt, dass die Sprecherstimme zu Christoph Gottschalk gehört. Thomas unterbricht ihn verständnislos: „Keine Ahnung, wovon du redest...". Darauf antwortet Christoph: „Kein Mercedes wäre komplett...ohne die Logistik von Deutsche Post World Net." Plötzlich reißt Thomas die Augen auf. Er krallt sich in den Sitz und ruft: „Bremsen!". Währenddessen sehen die Zuschauer das Schaf, das mitten auf der Straße steht. Christoph hingegen ist noch ganz bei seinem Thema und pflichtet Thomas zustimmend bei: „Natürlich hätte er auch keine Bremsen." Erst als Christoph den panischen Gesichtsausdruck seines Bruders sieht, schaut er nach

---

[264] Es handelt sich hier um ein sog. Testimonial-Konzept bei dem Personen z.B. aufgrund ihrer Bekanntheit oder konkreten Erfahrung zu Wort kommen, um die Glaubwürdigkeit der Werbung zu unterstützen. Vgl. z.B. SAUER (2002: 86f.).

vorne, entdeckt das Schaf, bremst und bringt den Mercedes sicher zum Stehen. Thomas nimmt die Hände vom Gesicht, blickt zum Himmel und sagt: „Danke Deutsche Post World Net." Es folgt eine Texteinblendung und der Sprecher liest: „Wir werden der erfolgreichste Logistiker Nr. 1... Seien Sie dabei. AKTIE GELB. Deutsche Post World Net."

Bei der Verwendung der Bildung *Bauteil-Lieferung* handelt es sich um Intertextualität, d.h., es wird mit einer bestimmten Absicht auf andere Texte bzw. Textsorten – hier auf den Dialog des TV-Spots – Bezug genommen. Als Referenzbezug dient die innerhalb des Dialogs zelebrierte Aufzählung verschiedener Bauteile wie Rückspiegel, Getriebe, Scheinwerfer und Bremsen. Mit der Wortbildung *Bauteil-Lieferung* soll durch minimalen sprachlichen Aufwand an den TV-Spot erinnert bzw. die Werbekenntnis wach gehalten werden. Zudem liefert der Spot als kontextuelles Umfeld der Anzeige genaue Erklärungen für die Kooperation der beiden Unternehmen und den daraus resultierenden gemeinsamen Werbeauftritt.

4.3.1.2 Zur Funktion innerhalb der verschiedenen Anzeigenelemente

Wortneubildungen kommen selten kontextlos vor, sondern sind meistens Teil der verschiedenen Textelemente einer Anzeige. Da diesen Textelementen jeweils spezifische Funktionen zukommen können, ergeben sich auch daraus resultierende Motive für die Bildung neuer Wörter. Deshalb sollen im Folgenden die Bildungen des Verkürzungstyps differenziert nach ihrem Auftreten im jeweiligen Anzeigenelement analysiert werden.

4.3.1.2.1 Schlagzeile

Da Anzeigen nur selten länger als einige Sekunden betrachtet werden und der Anzeigentext kaum vollständig gelesen wird, kommen der Schlagzeile als farblichem und typographischem Blickfang gerade unter Low-Involvement-Bedingungen besondere Funktionen zu. Schlagzeilen und Bildelemente (die sich meistens kommunikativ ergänzen) werden als erstbetrachtete und häufig einzig wahrgenommene Anzeigenelemente in vielen Fällen so gestaltet, dass sie die grundlegenden Inhalte der Werbebotschaft enthalten. Dadurch erhöht sich die Wahrscheinlichkeit, auch bei gering involvierten, desinteressierten Rezipienten momentane und dauerhafte Wirkungen im Sinne der jeweils angestrebten Werbeziele zu erreichen. Die Wortneubildungen des Verkürzungstyps dienen in diesem Zusammenhang vor allem der werblichen Zielsetzung, Kenntnisse aufzubauen oder wach zu halten.

So werden in Schlagzeilen bestimmte Ereigniskenntnisse vermittelt, indem durch okkasionelle Bildungen auf ökonomische Weise Termine bzw. Veranstaltungen benannt werden: *Nissan **Alle-Wetter-Wochen** 97 / Erste Wahl für Ausbauer: die **Trockenbau-Hotline** von Fermacell / **Probefahrtwochen** bei Alfa Romeo.*

Besonders häufig dienen die Wortneubildungen des Verkürzungstyps der Benennung von speziellen Produkteigenschaften, z.B. eines produktspezifischen Zusatznutzens mit Hilfe dessen das Produkt auf dem Markt positioniert werden soll: *Unsere Antwort auf die Ökosteuer. Die Mitsubishi **Benzinspar-Modelle** / Heizkosten sparen + Umwelt schonen: K-Plus: Das **Energie-Gewinn-Glas** / VariluxComfort. Das Gleitsichtglas mit **Sofort-Schärfe-Garantie** / Typ-II-Diabetiker warten auf die einfache **Einmal-täglich-Medikation** / Die **Doppelnutzentube** / Bei Xerox habe ich die **200-Minuten-Garantie**. / Was macht das neue Tempo bloß so **durchschnupfsicher**? / UV-Lippenschutz mit Faktor 18: **sonnensicher** & wasserfest.*

In den folgenden Beispielen referieren sie auf positive Wirkungen bzw. Ergebnisse, die sich aufgrund der Produktverwendung einstellen sollen: *Aufsprühen und fertig. Für **Sommerbeine** auch ohne Sommersonne. / Machen Sie Ihren Po zur **Kusszone**. / **Dusch-frisch** den ganzen Tag! / **Seidenglatte** Haut, den ganzen Sommer lang. / **Wohlfühlhaut** / Endlich **Kratz-Ruhe** bei Neurodermitis.*

Die Bildung eines neuen Wortes kann aus der Notwendigkeit entstehen, einen Namen für ein neues Produkt zu benötigen bzw. durch die Verwendung eines neuen Wortes die Neuartigkeit eines Produktes und seiner Wirkungsweise zu suggerieren: *Neu: das erste **Handwasch-Öl**. / Organics. Das **Aufbau-Shampoo**. / **3fach-Pflege** mit Langzeitwirkung / die **Wirkungskosmetik** der reifen Haut.*

Oft werden neue Wörter geschaffen, die als griffige, prägnante und vereinfachende Nominalisierungen von Produkteigenschaften und Produktwirkungen stellvertretend für das Produkt verwendet werden können (bzw. verwendet werden), häufig einen expressiven Charakter haben und sehr einprägsam sind. Solche Wörter verfügen oftmals über ein hohes persuasives Potential und erhöhen erheblich die Spannung des Textaufbaus, wenn sie beispielsweise als metaphorische Bildungen die beworbenen Produkteigenschaften emotional verdeutlichen: *Glutaform: Die **Hungerbremse** aus der Nahrung / Die **Schmerzbremse** Dolgit / Mucosolvan S Der **Schleimbagger** / Silomat **Hustenstiller** mit „Anti-Blockier-System".* Solche Dynamisierungen bzw. Personifizierungen sind plastisch und eingängig, sie ermöglichen dem Rezipienten ein Miterleben der Botschaft und erzeugen damit Glaubwürdigkeit.

Bei anderen Bildungen des Verkürzungstyps handelt es sich um Zusammensetzungen, die mindestens einen Bestandteil enthalten, der positive Assoziationen hervorruft. Sie bewirken, dass das beworbene Produkt semantisch aufgewertet und positiv aufgeladen wird: *Alphabella – Der erste **Schönheits-Cocktail**, den sie frisch pressen und in ihren Händen mixen. / Erdgas - **Wunschenergie** Nr.1 Ein Anspruch, der verpflichtet. / Das Know-how der weltweit größten **Privatkunden-Bank**.*

Idealerweise sollten die Informationen innerhalb einer Werbeanzeige hierarchisch dargeboten werden, d.h. Bild und Schlagzeile sollen so gestaltet sein, dass die Werbebotschaft zumindest in Grundzügen sichtbar wird. Da es zu wichtigsten Aufgaben der Werbung gehört, häufige Kontakte mit dem Marken- bzw. Produktnamen zu schaffen, um den Bekanntheitsgrad des Produkts/der Marke zu erhöhen bzw. zu festigen, wird der Produkt-/Markenname in ein Bildelement oder/und in die Schlagzeile integriert. Letzteres erfolgt oft auch mit Hilfe neuer Wörter, die – wie die folgenden Beispiele zeigen – z.B. in komprimierter, eingängiger Form ein Produkt bzw. eine Dienstleistung und die jeweilige Markenzugehörigkeit bezeichnen: ***ADAC-Euro-Schutzbrief***: *Hilfe garantiert.* / *Mit dem* ***HYPO-Bau-Finanzpaket*** *starten wir durch.* oder im Falle bereits etablierter Produkte durch die Einbindung des Namens eine Art Steigerung des im Grundwort Benanntem bewirken können: *Beste* ***Persil-Reinheit*** *und* ***-Pflege***.

Bei einigen Bildungen des ersten Typs wird mit Hilfe eines Bildelements die Bedeutung konkretisiert bzw. erschließbar gemacht, indem z.B. unter der Schlagzeile *Für* ***Regenmacher*** *und alle, die es noch werden wollen.* verschiedene Geräte für die Gartenbewässerung abgebildet sind oder die Abbildung eines im Wald neben einem äsenden Reh stehenden Geschirrspülers überschrieben ist mit *Psssst. Die neuen* ***Flüsterspüler*** *sind da: beliebig beladen, immer sparen.*

Abbildungen eignen sich außerdem dazu, die Bildhaftigkeit der Neubildungen zu unterstreichen und damit die Chancen für eine doppelte, d.h. verbale und bildliche Kodierung im Gedächtnis des Rezipienten zu erhöhen, womit optimale Voraussetzungen dafür geschaffen werden, dass die Information behalten wird. Beispiele dafür sind die Kombination aus der in der Schlagzeile getroffenen Aussage *Auf der* ***Zinstreppe*** *wird dein Sparschwein schneller wachsen, mein Sohn.* und einer Treppenabbildung, deren Stufen mit den stetig zunehmenden Zinssätzen beziffert sind oder der rhetorischen Frage *Was wollen Sie: sporadische Ratschläge oder* ***Erfolgsanstöße*** *in Serie?* mit der Abbildung einer gerade angestoßenen Reihe von aufgestellten Dominosteinen. Die Tatsache, dass Werberezipienten durchschnittlich ca. 90% ihres Augenmerks auf Bild und Schlagzeile richten, verdeutlicht, wie wichtig es ist, dass beide Elemente perfekt aufeinander abgestimmt sind und sich in ihrer Wirkung ergänzen.

Die Verwendung von Wortneubildungen des Verkürzungstyps in der Schlagzeile beruht häufig auf Motiven, die den Textverlauf der Anzeige betreffen. Es handelt sich dabei beispielsweise um Vorgriffe auf Informationen, die im Fließtext explizit werden. Zum Beispiel wird die Schlagzeile und der darin vorkommende Neologismus *Vivit Carotin: Schützt Sie bei* ***Umweltstress*** in dem darauf folgenden Fließtext näher erläutert: *Freie Radikale – verursacht durch Smog, Autoabgase, Lärm, Enge, Stress – belasten unseren Körper immer stärker. Unsere Körperzellen verlieren an Leistungsfähigkeit und brauchen einen Zell-Aktivator.*

Ein anderes Beispiel zeigt, dass die Bildung neuer Wörter in diesem Zusammenhang auch eine Technik dafür darstellt, ein generelles oder eigenschaftsgerichtetes Produktinteresse bei den Rezipienten hervorzurufen und sie zum Lesen des Fließtextes bzw. der gesamten Anzeige zu animieren: *Starten Sie jetzt in Richtung* ***Auslandserfolg****!* Die in der Schlagzeile noch äußerst vage Bedeutung von ‚Auslandserfolg' wird durch den Fließtext eindeutig gemacht, indem sie folgendermaßen interpretiert wird: *Für DM 50,- grenzenlos erfolgreich! Der Arbeits-*

ordner Internationales Direktmarketing sagt Ihnen, wie Sie schnell und preiswert Geschäftserfolge im Ausland erzielen.

Zum ersten Typ gehören auch Wörter, die ausschließlich deshalb gebildet werden, weil sie kürzer, kompakter und leichter handhabbar sind als entsprechende Wortgruppen und sich daher wesentlich einfacher, in stilistischer Hinsicht eleganter und effektiver in Schlagzeilen einsetzen lassen: *Die ADAC-Straßenwacht läßt Sie nicht stehen: Über 81% der **Mitgliederpannen** werden sofort vor Ort behoben. / Bei **sonnenstrapazierter** Haut: Bepanthol Roche Lotio.*

4.3.1.2.2 Fließtext

Der Fließtext dient der differenzierten Produktpositionierung, indem er besondere Produkteigenschaften thematisiert, Verwendungssituationen oder Verbrauchsaspekte aufzeigt, einen speziellen Nutzen für den Konsumenten erörtert und dadurch das beworbene Produkt von anderen Marktangeboten abgrenzt. In vielen Fällen greift er dafür den in der Schlagzeile thematisierten Aufhänger als Text-Thema auf und führt es in einer stilistisch und semantisch kohärenten Form aus. Oft wird auch das Bildmotiv einer Anzeige sprachlich ausformuliert oder mit weiteren Angaben ergänzt. Für die Verwendung neu gebildeter Wörter im Fließtext ergeben sich daraus wiederum verschiedene Motive, die alle auch mehr oder weniger mit sprachökonomischen Bestrebungen in Zusammenhang stehen, weil der Zwang zur Kürze für alle Textelemente einer Werbeanzeige gilt. Eingedenk dessen kann bei Neubildungen innerhalb des Fließtextes ebenfalls von einer Benennungsfunktion und/oder einer Textfunktion ausgegangen werden, wobei natürlich in vielen Fällen diesbezüglich keine strikte Trennung vorgenommen werden kann. Es gibt zahlreiche Beispiele für Wörter, bei deren Bildung offenbar die Textfunktion im Vordergrund stand. So wird in den folgenden Fällen eine einfache syntaktische Einbettung ermöglicht: *Wenn sich in Oberbayern die **Freilufthungrigen** im Biergarten treffen, darf ein guter Käse zur Brotzeit nicht fehlen... / In allen autorisierten Parfümerien und **Weltstadt-Warenhäusern*** oder versucht, die Aufmerksamkeit der Leser bezüglich des Textverlaufs zu steuern, indem auf vorher gegebene Informationen bzw. genannte Wörter zurückgegriffen wird: *Aller Anfang ist prima... Unser **Primastartpaket** hilft allen Berufsanfängern auf die Sprünge... / Menschen sterben nicht an einem erhöhten Cholesterin-Wert, aber jeder Zweite stirbt an einem Herzinfarkt...Pravasin der **Ereignissenker** – mehr als ein Cholesterinsenker?*

Bei den meisten Wörtern dieses Typs kann jedoch davon ausgegangen werden, dass das vorrangige Bildungsmotiv die Benennung einer scheinbar neuen Produkteigenschaft bzw. -wirkungsweise ist: *Die **Intensiv-Schutzformel** ist extra wasserfest und frei von Konservierungsstoffen für besonders gute Hautverträglichkeit... / ...Die **3-Phasen-Systempflege** ist das Ergebnis ihrer (führende Dermatologen) Forschung und Erfahrung... / ...Die **mikroleichte** Creme pflegt so gezielt Ihre empfindliche Augenpartie... / ...Entscheiden Sie sich für eine **Produktformel**,* *die schnell trocknet... / ...da ist alles drin, was Ihren Pflanzen den Boden für ein blühendes Leben bereitet: Haupt- und Spurennährstoffe,* **Atmungsflocken** *und Langzeitdünger...*

In Fließtexten treten – zum Teil mehrfach – Kombinationen aus einem Produkt-/Markennamen und einem anderen Lexem auf, um durch die ständige Wiederholung den Wiedererkennungswert des Produkts/der Marke zu erhöhen: *Der Gillette* **SensorExcel***, eine neue Generation der gründlichen Rasur... Dann wurden die Lamellen, eine bemerkenswerte* **Gillette-Innovation***, vor die Klingen plaziert... Für eine noch gründlichere und angenehmere* **Gillette-Rasur***... Das Ergebnis ist die gründlichste und angenehmste* **Gillette-Rasur***, die es je gab...*

4.3.1.2.3 Slogan

Im Gegensatz zu Fließtext und Schlagzeile sind Slogans in aller Regel Textkonstanten, die in den verschiedenen Werbemitteln häufig wiederholt und im Idealfall über viele Jahre verwendet werden, damit sie sich im Gedächtnis der Konsumenten verankern und ihnen als Diktum erscheinen, sozusagen „als Manifest erinnernswerter Charakteristika des jeweils beworbenen Objekts".[265] Slogans dienen also vor allem der Herstellung bzw. Festigung der Markenbekanntheit und der positiven Beeinflussung der emotionalen oder kognitiven Dispositionen zur Marke oder zum Produkt. Dieser Zielsetzung dienen auch Wortneubildungen (deren Verwendung allerdings in Slogans äußerst selten ist), indem sie entweder durch die Benennung eines Zusatznutzens o.ä. für den Konsumenten seine gefühls- oder verstandesmäßige Einstellung zur Marke beeinflussen oder durch in ihnen enthaltene allgemeine Informationen zur Marke deren Bekanntheit verstärken. So dürfte der Slogan *RWE Die* **Zukunftsgruppe***.* wohl in erster Linie dazu dienen, beim Rezipienten eine Einstufung des beworbenen Konzerns als innovativ, modern oder ‚für die Zukunft sehr vorteilhaft' zu bewirken, wobei es sich – schon aufgrund der diffusen Wortbildungsbedeutung – eher um einen emotionalen Beeinflussungsversuch handelt. Demgegenüber etwas rationaler wirkt der Slogan *Dresdner Bank. Die* **Beraterbank***,* bei dem die enthaltene Neubildung konkret einen Zusatznutzen für den Konsumenten benennt, nämlich, dass es sich bei der Dresdner Bank um ein Institut handelt, das stärker berät bzw. kundenorientierter ist als konkurrierende Unternehmen. An diesem Beispiel zeigt sich außerdem, dass solche neuen Slogan-Wörter in Abhängigkeit von der Struktur des Markennamens und/oder den jeweiligen angestrebten stilistischen Effekten entstehen. Dieses Zusammenspiel ist besonders deutlich bei *G+H ISOVER Vorausdenken,* **Vorausdämmen***.* zu erkennen: Die Neubildung soll in semantischer Hinsicht vermutlich lediglich darauf hinweisen, dass ISOVER eine Marke für Dämmstoffe ist. Bezüglich der Wortbildungsstruktur scheint das vordergründige Bildungsmotiv die Textgestaltung, d.h.

---

[265] ZIELKE (1991:86).

beispielsweise die Alliteration, zu sein, durch die der Slogan rhythmischer und einprägsamer werden soll.

Eher an der Peripherie des Typs ‚Vereinfachung/Verdichtung' befindet sich die Bildung *Hautsache* des Slogans *Vichy. Weil Gesundheit auch Hautsache ist.* Zum einen dient ‚Hautsache' dazu, den Werberezipienten darüber zu informieren, dass ‚Vichy' etwas mit ‚Hautpflege' zu tun hat. Zum anderen handelt es sich um einen spielerischen Kontrast zu der usuellen/erwartbaren Behauptung, dass „Gesundheit, die Hauptsache ist", weshalb das Wort in die Nähe der unter Typ 2 diskutierten Bildungen rückt.

4.3.1.3 Zusammenfassung

Schließlich kann festgestellt werden, dass Wortneubildungen des Verkürzungstyps vom Werbetexter produziert werden, damit die Zielpersonen deren Inhalt sofort verstehen und aufgrund der in ihnen enthaltenen (verdichteten und/oder vereinfachten) Informationen zu Produkteigenschaften etc. bzw. wegen des großen Assoziationspotentials einzelner Bestandteile als positiv einstufen. Demgegenüber ist die durch die fehlende Erwartbarkeit dieser nichtusuellen Wörter hervorgerufene Expressivität als eine Art Zugabe anzusehen, die die Textspannung erhöhen und die Behaltbarkeit der Aussage fördern kann. Die Wörter des ersten Typs sind in der Regel nach gängigen Wortbildungsmustern bzw. in Analogie zu gut ausgebauten Reihen gebildet, wodurch sie in vielen Fällen nicht als neu empfunden werden und in keiner Weise auffällig erscheinen. Obwohl es Werbetreibenden natürlich nicht in erster Linie darauf ankommt, dass die von ihnen neu gebildeten Wörter in der Alltagssprache verwendet werden oder das Lexikon bereichern, sind die Bildungen dieses Typs jedoch prinzipiell dazu geeignet. Bisher zeigte sich aber, dass von den Tausenden neu kombinierter Begriffe, Eigenschaftswörter etc., die phantasiebegabte Werbetexter geschaffen haben, nur einige wenige in die Umgangssprache übernommen wurden. Dazu gehören beispielsweise: *atmungsaktiv, knitterarm, hautfreundlich* oder *feuchtigkeitsspendend.*

Hinsichtlich der zur Produktion von Neubildungen verwendeten Wortbildungsarten verwundert es nicht, dass die Komposition die zentrale Rolle spielt, da sie in der deutschen Gegenwartssprache die charakteristische und zugleich fruchtbarste Möglichkeit darstellt, mit Hilfe von lexikalisiertem Wortmaterial durch Zusammensetzung neue Bedeutungseinheiten zu schaffen. Komposita weisen in Bezug auf die formativstrukturelle und semantische Beschaffenheit der Konstituenten nur geringe Restriktionen auf, weshalb eine unerschöpflich große Auswahl an kompositionsfähigem Wortmaterial im Lexikon zur Verfügung steht, das durch Zusammensetzung beispielsweise der Notwendigkeit dienen kann, neuartige Produkte und ihre Eigenschaften fortlaufend angemessen zu bezeichnen und/oder durch solche verbalen Neuerungen dem textsortenimmanenten Zwang zu Kreativität und Innovation gerecht zu werden.[266] Zudem liegt die Besonderheit dieser Wortbildungsart darin, dass die syntaktisch-semantischen Relationen zwischen den Lexemen nicht explizit werden und im Allgemeinen auch nicht morphologisch nachweisbar sind, sondern durch die Zusammensetzung konstituiert werden. Dadurch ist es möglich, Verbindungen mit einprägsamen, wohlklingenden, stark assoziierenden Wörtern zu schaffen, deren Verständlichkeit sich zwar deutlich der leichten Behaltbarkeit unterordnet, stattdessen aber viel Raum für semantische Implikationen gegeben wird (z.B. *Vitalcocktail, Glorious-Gefühl, Sauerstoff-Perlen, Aktivstoffe*). Besonders auffällig sind in diesem Zusammenhang die – vor allem in den Produktbereichen Kosmetik, Lebensmittel oder Arzneimittel auftretenden – zahlreichen Bildungen mit dem Bestimmungswort ‚Energie‘ (z.B. *Energie-Vitamin, Energie-Aktivator, Energiedepot, Energie-Konzentrat*), nach dem Sinnzusammenhang differenzierende, nähere Bestimmungen zum Grundwort ‚Vitamin‘ (z.B. *Spezial-Vitamin, Lebens-Vitamin, Hautvitamin, Struktur-Vitamin, Pflege-Vitamin*) ebenso wie Kombinationen mit demselben als bestimmendes Element (*Vitaminpflege, Vitamin-Pflanzenöl, Vitamin-Zellschutzcreme, Vitamin-Kick*). Gemessen an der Häufigkeit ihrer Verwendung können diese Lexeme zur Zeit ebenso wie ‚vital‘, ‚Pflege‘, ‚Schutz‘ o.ä. als so genannte Hochwertwörter bzw. Schlüsselwörter[267] angesehen werden, die ohne die grammatische Struktur eines Komparativs oder Superlativs dazu geeignet sind, das damit Bezeichnete aufgrund ihres sehr positiven Inhalts einerseits aufzuwerten und andererseits z.B. durch ihre Abhängigkeit von gesellschaftlich relevanten Themen – wie Fitnessbewusstsein, Schönheitsstreben, Altersvitalität – entscheidend zur Argumentation der gesamten Anzeige beizutragen.

An dieser Stelle sind auch Substantivkomposita zu nennen, die Wörter wie ‚System‘, ‚Faktor‘, ‚Formel‘, ‚Strategie‘ etc. enthalten[268] und von PÖRKSEN[269] als so genannte Plastikwörter bezeichnet werden, die über einen hohen Abstraktionsgrad verfügen, austauschbar und beweglich sind, d.h., „ihre Fähigkeit, Verbindungen einzugehen, ist unheimlich“.[270] Sie zeichnen sich ebenfalls durch ihre eher vage Inhaltsseite aus, sind aber mit Konnotationen verbunden, die den Eindruck wissenschaftlicher Qualität und Fundiertheit verstärken und zugleich ein Indiz für das hohe Prestige des Expertentums in unserer Gesellschaft sind. Plastikwörter lenken die Assoziationen in eine ganz bestimmte Richtung, nämlich die fachsprachliche, weshalb die mit diesen Bildungen verbundenen Konnotationen immer etwas mit ‚wissenschaftlich fundiert‘, ‚Sicherheit‘ und ‚geprüfter Qualität‘ zu tun haben.

So ist die Funktion von Plastikwörtern mit ‚System‘, ‚Technik‘ o.ä. die, „dass auf den ersten Blick eine semantische Konkretheit und Bestimmtheit, eine Ver-

---

[266] Vgl. auch SPILLNER (1985:718f.).
[267] Vgl. RÖMER (1980:99ff.).
[268] Vgl. dazu den in Kap. 3.3. beschriebenen Typus der explikativen Komposita.
[269] Vgl. PÖRKSEN (1988:79ff.).
[270] PÖRKSEN (1988:80).

lässlichkeit und Fundiertheit vorzuliegen scheint, die gar nicht besteht".[271] Es überrascht daher nicht, dass derartige Plastikwörter vor allem innerhalb der Fließtexte auftreten, die den Lesern Kompetenz und Glaubwürdigkeit in Bezug auf das beworbene Objekt vermitteln sowie auf Vorzüge, Nutzen und Zweckdienlichkeit dieses Produktes referieren sollen. Innerhalb der Schlagzeile finden sich eher personifizierte, dynamische oder bildhafte Bildungen, die in erster Linie emotionale Imaginationen und Assoziationen anregen und somit zur Bildung von Einstellungen beitragen können.

Der Vorzug von Komposita, durch Zusammensetzung unterschiedlicher Lexeme neue Sinneinheiten zu konstituieren, zeigt sich auch im Bereich neu gebildeter Adjektivkomposita. So können durch die Komposition von einem Substantiv und einem Adjektiv verkürzt und prägnant neue semantische Relationen zwischen den beiden Lexemen hergestellt werden (z.B. *pfannenfertig, stylingfertig, haarstärkend, messemöglich, feuchtigkeitsstark*) oder implizite semantische Vergleichsrelationen zwischen den Lexemen konstituiert werden (z.B. *sonnengolden, duschfrisch, fotoscharf*).[272]

Den Zwang zur Kürze verdeutlichen am stärksten die Komposita mit einer Wortgruppe als Erstglied, wie z.B. *Sofort-Mitnahme-Garantie, Anti-Bronchitis-Kapsel* oder *MehralsbilligBaumarkt*, die zum einen der Sprachökonomie dienen und zum anderen eine unkomplizierte textuelle Einbindung ermöglichen.

4.3.2   Typ 2: Verfremdung

Aufgrund der fortschreitenden Informationsüberlastung ist es in der Werbung notwendig, die Informationen immer auffallender darzubieten und zu verpacken, damit sie die Aufmerksamkeit der Zielpersonen auf sich ziehen und eher wahrgenommen werden als die Werbebotschaften der Konkurrenz. Hierzu stehen Techniken zur Verfügung,[273] die die Aktivierungskraft eines Werbemittels erhöhen und die Aufmerksamkeit der Rezipienten steigern können.

Im Falle der Printmedien sind – im Gegensatz zu elektronischen Medien – solche Techniken weniger dazu erforderlich, den Kontakt herzustellen, sondern vielmehr dafür, die Nutzung des Kontaktes zu fördern,[274] da im Allgemeinen davon ausgegangen werden kann, dass die Leser zwar Kontakt mit den ein- oder zweiseitigen Anzeigen bekommen, den hergestellten Kontakt jedoch nur selten dazu nutzen, sich eingehend mit der jeweiligen Werbeanzeige zu beschäftigen.

Im Gegensatz zu lexikalisierten, usuellen und damit als ‚normgerecht' eingestuften Wörtern dienen okkasionelle Bildungen in vielfältiger Weise zur Aktivierung und Wahrnehmungssteuerung, indem sie gegen vorhandene Erwartungen

---

[271] JANICH (1999a:115).
[272] Vgl. SPILLNER (1985:719).
[273] Vgl. Kap. 1.2.4.1.
[274] Vgl. KROEBER-RIEL (1993a:121).

und Schemavorstellungen verstoßen und bei den Rezipienten gedankliche Widersprüche und Konflikte auslösen bzw. ihn überraschen. Originelle und auffällige Neubildungen stellen damit eine wichtige Möglichkeit dar, mittels Sprache Aufmerksamkeit zu erregen und die Zielpersonen auf kognitivem Weg zu aktivieren.

Bei den folgenden, unter ‚Verfremdung' zusammengefassten Bildungen wird davon ausgegangen, dass das vorrangige Bildungsmotiv bzw. die Hauptfunktion dieser Wörter die kognitive Aktivierung und das Erregen von Aufmerksamkeit darstellt. Zu diesem Zweck wird bei der Bildung solcher Wörter zum einen von gängigen Wortbildungsmustern abgewichen, zum anderen wird bereits vorhandenes, eigenes oder etabliertes fremdes Sprachmaterial z.B. durch Wortspiele oder Spiele auf der Laut- und Schriftebene so verfremdet, dass es auffällig wirkt. Der Textproduzent verstößt damit bewusst gegen die von GRICE formulierten Richtlinien für einen effizienten Sprachgebrauch, die so genannten Konversationsmaximen,[275] indem er beispielsweise die Maxime der Art und Weise missachtet und Unklarheiten bzw. Mehrdeutigkeiten hervorruft. Dadurch bewirkt er zwar, dass im GRICESchen Sinn die Kommunikation nicht maximal effizient, rational und kooperativ verläuft, kann diese aber in Richtung der eigenen, werbestrategischen Intentionen steuern. Wenn dann der Rezipient feststellt, dass der Produzent von einer oder mehreren dieser Konversationsmaximen abweicht, jedoch das Kooperationsprinzip nicht in Frage steht, so wird er versuchen zu ergründen, was der Textproduzent mit seiner verfremdeten Äußerung gemeint hat, um die Verletzung der Maxime quasi wieder rückgängig zu machen.[276] Im Prinzip wird dabei dieselbe Technik verwendet, die auch Witzen zu Grunde liegt, d.h., bei Sprachspielen handelt es sich ebenfalls um eine Form von Humor. Obwohl die Wirkung und Verwendung von Humor in der Werbung eher umstritten ist, da humorvolle Werbung offenbar keine sehr effektive Methode ist, um Überzeugungen, Einstellungen oder Verhaltensweisen der Konsumenten zu ändern,[277] hat Humor jedoch grundsätzlich einen positiven Effekt auf die Aufmerksamkeit des Lesers. Humor kann in einer spielerischen Situation oder einem angemessenen emotionalen Klima durch Inkongruenz entstehen,[278] indem Erwartungen erzeugt und dann verletzt werden. Kann dann aufgrund von zusätzlichen Hintergrundinformationen eine Regel gefunden werden, durch die die Überraschung aufgelöst werden kann, entsteht Humor, ansonsten Verblüffung. Humor begegnet in den untersuchten Werbeanzeigen als kognitiver Humor, meistens als der sog. „witzige Humor", d.h. Lachen über ein Spiel mit Gedanken oder Worten. Er dient hier v.a. als Mittel zur Aufmerksamkeitssteuerung oder um dem Rezipienten intellektuelles Vergnügen zu bereiten. Durch die Inkongruenz werden Spannungs- und Aktivierungszustände erzeugt, deren Reduktion erleichternd und befriedigend wirkt. Da das Erkennen von Inkongruitäten wie auch das Finden der Lösung gewisse Anstrengungen und

---

[275] Vgl. LEVINSON (2000:112).
[276] Vgl. OSSNER (1985:174ff.).
[277] Vgl. ENGEL ET AL. (1986) in MOSER (1990).
[278] Vgl. SULS (1983).

Kenntnisse erfordert, über die nicht jeder verfügt, wird er zielgruppenspezifisch eingesetzt.

Bezogen auf die in zahlreichen Werbeanzeigen auftretenden Wort- und Sprachspiele, die beispielsweise über Lautähnlichkeiten oder Mehrdeutigkeiten die vielen Ausdrucksmöglichkeiten der Sprache nutzen und den Leser auffordern, den versteckten Witz zu entschlüsseln, bedeutet dies, dass es notwendig ist, dass die Textrezipienten die damit verbundenen Abweichungen bzw. Verstöße gegen die Sprachnorm als vom Produzenten intendiert erkennen und die Intention sowie die durch die Verfremdung gegebene Zusatz-Bedeutung nachvollziehen können. Im Einzelnen bedeutet das, dass Werberezipienten aufgrund ihres Sprach- und Weltwissens nicht nur Abweichungen von dem Erwartbaren erkennen, sondern sie auch gemäß ihren Ansprüchen bewerten. Daher ist es einerseits notwendig, dass die Rezipienten das neu gebildete bzw. verfremdete Wort nicht als „Fehler" (in dem Sinn, dass der Produzent aufgrund von Defiziten im Umgang mit Sprache sprachliche Normen oder Regeln verletzt) interpretieren, sondern als intendierte Abweichung betrachten. Andererseits müssen die als intendiert erkannten Abweichungen von den Zielpersonen toleriert werden. Dabei ist zu beobachten, dass – ebenso wie bei normgerechten Sprachäußerungen die Rigidität von Normen nicht gleich groß ist, da in den Bereichen Morphologie, Syntax und Orthographie die Normen klarer definiert sind als z.B. in der Semantik oder Stilistik – gerade in der Schriftsprache das Lexikon in Bezug auf abweichende Elemente im Allgemeinen als variabler eingestuft wird als beispielsweise die stärker normiert ausgerichteten Bereiche der Grammatik. So kann z.B. die in gesprochener Sprache verwendete, inhaltliche Zusammenfassung eines TV-Spots der Telefonauskunft: *...da werden sie geholfen* wohl kaum als Claim in einer Anzeige verwendet werden. Die Schriftsprache ist stärker normiert als die gesprochene Sprache. Die Werbetreibenden JUNG und VON MATT sehen eine mögliche Ursache darin, „daß der Mensch ein Kind des Gedruckten ist. Er denkt grundsätzlich in Print. Das Problem beginnt schon mit seiner Geburt, die mit einer Geburtsanzeige verkündet wird. Seine erste Kinderzeichnung ist Print. Sein erstes Schulheft ist Print. Sein erster Liebesbrief ist Print. Seine erste Wohnung, seinen ersten Job und sein erstes Auto findet er per Anzeige. Das Geld, das er verdient, ist Print. Seine Kündigung auch. Und kurz nach seinem Tod erscheint wieder eine Anzeige. Sein ganzes Leben wird von Print begleitet und bestimmt. Natürlich sieht er im Kino den ersten Film, der ihn zu Tränen rührt. Und im Fernsehen des erste WM-Tor, das ihn jubeln lässt. Aber der Ernst des Lebens ist Print."[279]

Irregularitäten fallen in geschriebener Sprache stärker auf als in gesprochener, weil sie für die Rezipienten länger präsent sind. Jedoch erlaubt geschriebene Sprache dem Textproduzenten in der Regel eine längere Planungs- und Vorbereitungszeit sowie dem Rezipienten eine längere Aufnahme- und Nachbereitungszeit, weshalb geschriebene Äußerungen kunstvoller, komplexer bzw. komplizier-

---

[279] JUNG / VON MATT (2002:281).

ter gestaltet sein können und auch nicht unbedingt beim ersten Lesen verstanden werden müssen.

Ob Abweichungen vom Erwartbaren bzw. Usuellen vom Rezipienten letztlich toleriert werden, hängt natürlich auch von dessen Einstellungen zu Normen, Regeln und Konventionen ab sowie von seinem Sprach- und Weltwissen. Eine wichtige Rolle spielt dabei die Sprachkompetenz, d.h. das Wissen der Sprachbenutzer über ihre Sprache, die Fähigkeit der Sprachbenutzer, mit Hilfe einer begrenzten Anzahl von Elementen und Regeln eine unbegrenzte Zahl von Äußerungen in dieser Sprache zu verstehen, sie bilden zu können, sie in Bezug auf die Kommunikationssituation, das Thema oder die Textsorte angemessen zu verstehen etc.[280] Bezogen auf das Rezipieren und richtige Verstehen von Verfremdungen in Werbeanzeigen ist es vor allem wichtig, dass die Zielpersonen die Fähigkeit haben, Norm- bzw. Regelverstöße zu erkennen und einzuordnen, semantische Beziehungen zu erfassen bzw. durch den Kontext oder Assoziationen herzustellen sowie Mehrdeutigkeiten zu bemerken und nicht-relevante Bedeutungen auszuschließen. Das bedeutet für den Produzenten, dass er – wenn er werbezielrelevante, strategische Intentionen verfolgt und dabei die Grenzen des usuellen Sprachgebrauchs überschreitet – sich in die Lage des potentiellen Rezipienten, der Zielpersonen, versetzen und die Werbebotschaft so gestalten muss, dass der Rezipient sie in dem Sinne versteht, den der Produzent intendiert hat und außerdem einkalkuliert, was der Rezipient im Extremfall missverstehen könnte. Denn im Bereich der Massenkommunikation sind die Kommunikationspartner nicht anwesend, es besteht eine Anonymität von Produzent und Rezipient, weshalb Rückfragen und zusätzliche Erklärungen nicht möglich sind.[281]

Im Falle der Bildungen des Verfremdungstyps ist davon auszugehen, dass der Produzent vor allem folgende Intentionen hat. Er will:

- die Aufmerksamkeit des Rezipienten wecken und ihn zum Weiterlesen der Anzeige animieren,
- dass der Rezipient ihn positiv einstuft, als „sprachgewandt", „geistreich", „unkonventionell", „witzig" etc. empfindet,
- dass der Rezipient den in den Verfremdungen enthaltenen Mehrwert, die zusätzliche Mitteilung, wahrnimmt, sich damit auseinandersetzt und schließlich in seinem Sinne darauf reagiert.

Das bedeutet, die Verwendung von Neubildungen dieses Typs eröffnet dem Werbetreibenden die Möglichkeit, während eines lokutiven Versuchs gleichzeitig mehrere sprachliche Handlungen zu vollziehen, wie z.B. kommentieren, ironisieren, appellieren, parodieren, informieren oder emotionalisieren. Der zusätzliche Mitteilungswert der verfremdeten Wörter kann sich dabei „auf das Sprachwissen beziehen, auf das Wissen von der Welt, auf den situativen Kontext, den sozialen Kontext, den zeitlichen Kontext, den individuellen Kontext und anderes mehr".[282]

---

[280] Vgl. DITTGEN (1989:14ff).
[281] Vgl. DITTGEN (1989:27f).
[282] DITTGEN (1989:19).

Deshalb ist es unabdingbar, dass der Produzent im Vorfeld eine klare Vorstellung von den Merkmalen der beworbenen Zielgruppe entwickelt, sich in die Lage der potentiellen Zielpersonen versetzen und ihre Reaktion antizipieren kann.

Das in Anzeige 2[283] enthaltene Wort *Hundewickeltisch* soll hier exemplarisch für die Neubildungen des Verfremdungstyps stehen und im Folgenden unter Berücksichtigung seiner kontextuellen Einbettung, der ganzseitigen Werbeanzeige, ausführlicher diskutiert werden. Als Anzeigenhintergrund dient die partielle Abbildung eines Computerbildschirms auf dessen oberer Hälfte in großer, fetter Type folgende Schlagzeile steht: *Soso, ich hab also im Internet fünf rosa Hundewickeltische gekauft.* Die letzten Buchstaben der Schlagzeile werden dabei vom Firmenlogo überdeckt. Darunter findet sich am unteren, rechten Anzeigenrand ein Rahmen (der wohl auf Grund der abgebildeten Fixationspunkte so wirken soll, als wäre er mit einem Grafikprogramm gezeichnet worden) mit dem Fließtext: *Schluss mit dem Frust im Netz – TRUSTED SHOPS ist da. Alle Web-Shops mit diesem Gütesiegel haben sich verpflichtet, höchste Anforderungen in puncto Daten- und Liefersicherheit zu erfüllen. Und für den Fall der Fälle versichern Sie Ihren Einkauf ohne Aufpreis. So bekommen Sie bei Nichtlieferung oder fristgerechtem Rücktritt Ihr Geld zurück. Garantiert durch Gerling. Mehr Infos unter www.trustedshops.de.* Innerhalb des Rahmens steht auch der Slogan: *TRUSTED SHOPS. The safe way to web shopping.*, der noch durch den Verweis ergänzt wird, dass die ‚TRUSTED SHOPS GmbH‘ ein ‚Beteiligungsunternehmen der Gerling Gruppe‘ ist.

Da es sich bei der beworbenen Firma um ein relativ junges Unternehmen handelt, war es wohl das vorrangige Ziel der Werbetreibenden, einen besonders auffallenden Auftritt zu inszenieren, um die Zielpersonen auf die Anzeige und das neue Angebot aufmerksam zu machen und sie dazu zu bringen, sich mit weiteren Informationen zum beworbenen Unternehmen zu beschäftigen.

Gerade bei innovativen Angeboten stellt die informative Positionierung, die auch als traditionelle Form der Positionierung bezeichnet werden kann, auch heute noch eine wirkungsvolle Möglichkeit dar, mit der Vermittlung von Informationen über die Eigenschaften eines Angebots und deren Relevanz für die Befriedigung von vorhandenen Bedürfnissen, dem Unternehmen in den Augen der Rezipienten eine besondere Kompetenz zu geben. In der Regel kommt diese informierende, argumentierende bzw. darstellende Funktion innerhalb einer Werbeanzeige dem Fließtext zu, wie dies auch bei der vorliegenden Anzeige der Fall ist. Damit der klein gedruckte, relativ umfangreiche Fließtext von den Zielpersonen jedoch überhaupt wahrgenommen wird, werden sie mittels der Schlagzeile kognitiv aktiviert. Aufgrund des dezenten Hintergrundes und der Schrift- sowie Logoanordnung fällt die verfremdete Neubildung *Hundewickeltisch* auch beim flüchtigen Durchblättern der Zeitschrift sofort ins Auge und macht den Leser neugierig.

---

[283] Vgl. Abb. 4.

Der Normverstoß und die Fremdheit dieses Wortes ergeben sich durch die Verbindung zweier semantisch nicht kompatibler Konstituenten zu einem Kompositum. Da das Grundwort ‚Wickeltisch' normalerweise auf einen Zusammenhang wie ‚Säugling', ‚Kleinkind' o.ä. referiert, und auch der unmittelbare Kontext, die Schlagzeile, keine Erklärung für die vorliegende Wortbildungsbedeutung liefert, ist offensichtlich intendiert, dass der im Umgang mit Werbung erfahrene Leser die Lösung des Rätsels, den irgendwie gearteten Mehrwert dieser Bildung oder die Entschlüsselung des Witzes im Fließtext sucht. Der Fließtext informiert jedoch lediglich über die Vorzüge der beworbenen Dienstleistung, ohne nochmals auf die unkonventionelle, nicht normgerechte Neubildung innerhalb der Schlagzeile einzugehen oder sie dem Rezipienten zu erklären. Somit bleibt für diesen nur die äußerst vage Interpretation, dass das Wort *Hundewickeltisch* wohl symbolisch für die vielen unsinnigen Dinge steht, die man im Internet käuflich erwerben kann, wenn man mit den Modalitäten dieser Einkaufsform nicht hinreichend vertraut ist, oder für die oftmals verwirrende, unsystematische Präsentation der Angebote in zahlreichen anderen Web-Shops. Die Firma TRUSTED SHOPS versucht im Gegensatz dazu, den Zielpersonen das Gefühl zu vermitteln, es handle sich um einen seriösen, kompetenten Dienstleistungsanbieter, der auch in Bezug auf die häufig in Frage gestellte Sicherheit der Daten ein äußerst verlässlicher Partner ist. Mit dieser sinngemäß im Fließtext getroffenen Aussage soll ein Firmenimage aufgebaut werden, das sich deutlich von dem der Konkurrenz unterscheidet. In diesem Zusammenhang wird der Versuch unternommen, den Zielpersonen – u.a. mit Hilfe der Größe und Etabliertheit des Gerling-Konzerns – Sicherheit und Zuverlässigkeit zu suggerieren. Die Schlagzeile dient lediglich als Eyecatcher bzw. als Einstieg in die Thematik, wobei der Okkasionalismus natürlich die zentrale Rolle spielt.

Obwohl das Wort *Hundewickeltisch* hier exemplarisch für die Bildung des Verfremdungstyps erörtert wurde, scheint es bezüglich der gewünschten Werbewirkung fraglich, ob es die Rezipienten auch anspricht. Sicher muss Werbung nicht in jedem Fall intellektuell anspruchsvoll sein, jedoch sollte sie die Zielpersonen herausfordern und sich dabei nicht am unteren sondern am oberen Ende einer Zielgruppe orientieren, da jede Zielgruppe ihre Vorbilder hat, denen sie zu folgen versucht.[284] Im Falle der Bildung *Hundewickeltisch* soll ein Normverstoß auf semantischer Ebene aktivieren, der jedoch – evtl. aufgrund des hohen Bekanntheitsgrades der zusammengesetzten Lexeme und der Eindeutigkeit ihrer Bedeutung – willkürlich, naiv oder plump wirkt, weil er die Rezipienten unterfordert.

Als Vorzug solcher Bildungen des Verfremdungstyps ist es anzusehen, dass sie ausgesprochen auffällig sind. In praktischer Hinsicht nachteilig ist es demgegenüber, dass sie sich extrem schnell abnutzen und deshalb häufig variiert werden müssen, damit die Werbung bei jedem Kontakt originell und witzig wirkt. Als beispielhaft für solche Kampagnen ist die „Jägermeister-Werbung" anzusehen, bei der in relativ kurzen Abständen die Sprachspiele innerhalb der Schlagzeile wech-

---

[284] Vgl. JUNG / VON MATT (2002:102).

seln, um auf diese Weise permanent die Marke und die damit verbundene geist-
reiche, pfiffige Werbung zu aktualisieren und somit die Markenbekanntheit zu
steigern (z.B. *Ich trinke Jägermeister, weil ich mich den ganzen Abend im **Bela-
berungszustand** befunden habe. / Ich trinke Jägermeister, weil ich einen Latin
Lover wollte und keinen **Lateinliebhaber**.*).

Die Neubildungen des Verfremdungstyps lassen im Wesentlichen drei Unter-
gruppen erkennen, bei dessen erster jeweils eine neue bzw. nicht prominente Bedeutung eines bekannten, lexikalisierten Wortes oder eines seiner Bestandteile
aufgerufen bzw. aktualisiert wird. Kennzeichnend für diese Art des Wortspiels ist
die gleichzeitige Aktualisierung mehrerer Bedeutungsvarianten einer Ausdrucksform, d.h. so genannte Mehrdeutigkeiten. Solche Mehrdeutigkeiten beruhen auf
den sprachlichen Phänomenen von Plurivalenz, Homonymie und dem Nebeneinander von wörtlicher und übertragener bzw. figurativer und nicht-figurativer Bedeutung z.B. im Falle idiomatischer Ausdrücke.[285]

So spielt die in einer Werbeanzeige für Danone-Joghurt als Schlagzeile auftretende Bildung *Kulturprogramm* mit der Doppeldeutigkeit des Wortes ‚Kultur‘: einerseits als ‚Gesamtheit der geistigen und künstlerischen Lebensäußerungen einer
Gemeinschaft‘ und andererseits im biologischen Sinne, z.B. als ‚Pilzkultur‘. Abgesehen davon, dass vermutlich die zuerst genannte Bedeutung prominenter ist,
macht die Verwendung innerhalb des Kompositums diese Bedeutung für den Rezipienten auf den ersten Blick eindeutig. Danach wird jedoch aufgrund der Kombination von der zuerst aktualisierten Bedeutung des Kompositums ‚künstlerische
Darbietung, kulturelles Programm‘ o.ä. und der bildlichen Darstellung eines Jo-
ghurtbechers Verwunderung über den Sinnzusammenhang hervorgerufen, die sich
auflöst, wenn die zweite, zum Thema ‚Joghurt‘ passende Bedeutung von ‚Kultur‘
aktualisiert wird. In anderen Fällen werden idiomatisierte oder metaphorische Bildungen durch den Anzeigenkontext bzw. den Bezug zum beworbenen Produkt
wieder remotiviert: *GROHE. Design ist mehr als reine **Formsache**./Guhl (Haar-
pflege)...für die Frau, die sich nicht mit **Haarspaltereien** aufhält./Warsteiner
(Bier) Ende der **Durststrecke**.*

Die zweite und zugleich stärkste Untergruppe des Verfremdungstyps bilden
solche Okkasionalismen, bei denen innerhalb von bereits lexikalisierten Wörtern
einzelne Teile ausgetauscht, weggelassen oder hinzugefügt werden, um wiederum
im Zusammenhang mit der Gesamtanzeige und dem Beworbenen witzige Effekte
bzw. einen besonderen Mitteilungswert zu erzielen. So soll *Fonds-Treffer* wohl
gleichzeitig ‚Geldanlage‘ und ‚Volltreffer‘ assoziieren, ebenso wie *Revölution*
‚Öl‘ und ‚Revolution‘ oder *Pensation* ‚Pen‘ und ‚Sensation‘. Damit wird eine auffällige aber zugleich auch eingängige Verbindung von beworbenem Produkt und
einem äußerst positiv wirkenden Wort geschaffen, die durch ihren spielerischen,
unkonventionellen Aufbau deutlich weniger anpreisend wirkt als eine entsprechende syntaktische Fügung.

---

[285] Vgl. SAUER (1998:91).

Andere Beispiele wie *Mobilienhai, Reise-Verführer, Reisedurchfallversiche-rung* oder *Massenteurismus* zeigen, dass die Bildungen dieses Typs häufig nicht nach einem Modell kombiniert, d.h. „kompositionell-regulär" sondern „analog-holistisch", also nach dem Vorbild eines Wortbildungsproduktes als Ganzes ge-bildet werden.[286] So ist beispielsweise das Kompositum *Massenteurismus* weniger als Produkt seiner beiden Einzelglieder zu verstehen, sondern vielmehr als eine an das bereits bestehende Wort ‚Massentourismus' angelehnte Wortneubildung.

Insgesamt ist festzustellen, dass sich derartige Wortspiele zum überwiegenden Teil in Zeitschriften finden, deren Profil sich eher an Lesern mit höherer Schulbil-dung orientiert (z.B. Der Spiegel, Capital). Häufig treten solche Bildungen auch in Werbeanzeigen von Fachzeitschriften auf, wobei meistens eine Verfremdung fachsprachlicher Termini erfolgt, die nur mit speziellen Vorkenntnissen aufgelöst werden kann. Beispiele hierfür sind: *Nebilet. Der duale Better-Blocker*, das in Analogie zu ‚Betablocker' gebildet wurde oder das auf den ‚Visus' bezugneh-mende Wortspiel: *Dr.Mann Pharma...bei allen **indivisuellen** Sicca-Problemen.*

Bei der dritten Untergruppe des Verfremdungstyps handelt es sich um Bildun-gen, die mit der lautlichen Ähnlichkeit zu lexikalisierten Wörtern oder zu Wort-gruppen spielen. Dabei kann der Mehrwert solcher Okkasionalismen in der Ein-bettung des Markennamens (z.B. *HIGH LEITZ IM BÜRO*) oder im humorvollen Verweis auf das beworbene Produkt oder dessen Geltungsbereich liegen. So wirbt beispielsweise der Baustoffhersteller FERMACELL mit der Schlagzeile: *Das **Gips** nur einmal* oder die Firma Iglo für eine Gewürzmischung mit: *Damit **würz'** frischer.* Ein ähnliches Beispiel stellt die Schlagzeile in einer Werbeanzeige für Wertpapiere von Fidelity Investments: *Happy **Börsday**!* dar. Auffällig ist, dass e-benso wie diese letztgenannte Bildung, bei der wiederum eine Verfremdung auf der Lautebene stattfindet, zahlreiche Okkasionalismen innerhalb der drei be-schriebenen Untertypen auf fremdsprachigem Material basieren bzw. fremdes Sprachmaterial auf verschiedene Weise integrieren. Einerseits ermöglicht die Nut-zung von fremdsprachigem Material natürlich andere Kombinationen und Sprach-spiele als das eigene Sprachmaterial (z.B. *funtastisch*), andererseits kann es den Auffälligkeitswert unter Umständen noch steigern und/oder durch die Fremdheit Modernität und Internationalität signalisieren (z.B. Opel Vectra: *Vectory*, Mc Do-nald's: *Nasch Hour*, Mc Donald's (Länderwochen): *Los Wochos*).

Als Beispiel für Einmalbildungen, bei denen englisches Sprachmaterial ver-fremdet wurde, soll hier das Kompositum *Neid-Rider*[287] sowie dessen kontextuel-ler Rahmen etwas näher erläutert werden. Die Neubildung *Neid-Rider* stellt die solitäre Komponente der Headline dar. Unter dieser Hauptschlagzeile befindet sich eine Subheadline, die folgende Zusatzinformationen bereitstellt: *Mehr Stil. Mehr Extras. Mehr WOW. Der Nissan X-TRAIL Edition.* Am unteren Anzeigen-rand sind Fließtext, Firmenlogo und Slogan platziert. Das Bildmotiv besteht in der Darstellung des beworbenen Geländewagens.

---

[286] Vgl. COULMAS (1985:257), PLANK (1981:250f.).
[287] Vgl. Abb. 5.

Bei *Neid-Rider* handelt es sich um eine Hybridbildung bestehend aus einem deutschen und einem englischen Lexem. Genauer gesagt geht es um ein Wortspiel auf der phonetischen Ebene, nämlich um die durch die lautliche Realisierung des Wortes *Neid-Rider* hervorgerufene Assoziation zu ‚Knight-Rider‘. Es handelt sich hierbei um ein Fahrzeug aus der gleichnamigen, amerikanischen Fernsehserie, in der ein futuristischer Sportwagen die zentrale Rolle spielt. Kennzeichnend für diesen ‚Knight-Rider‘ ist ein durchweg positives Image und äußerst außergewöhnliche Fahreigenschaften. In der *Nissan*-Anzeige wurde die erste Konstituente des Namens ‚Knight-Rider‘ durch das deutsche Substantiv ‚Neid‘ ersetzt. Das simplizische Abstraktum ‚Neid‘ ist normalerweise ein negativ belegtes Wort, das hier aber insofern positiv verstanden werden soll, als es das soziale Prestige des potentiellen Konsumenten erhöht. Der Erwerb des *X-TRAIL* soll hier als Image bildende Maßnahme verstanden werden, denn man ist nicht, was man ist, sondern das, wofür einen andere halten. Dies wird auch im Fließtext thematisiert: *Der X-TRAIL Edition hat, was jeder gern hätte... Sie fürchten, so viel Aufmerksamkeit könnte Ihnen zu viel werden? Kein Problem. Mit seinem ALL-MODE 4x4-System und starken Motoren bringt Sie der X-TRAIL Edition blitzschnell aus dem Blickfeld.* Die Gesamtanzeige basiert – wie fast alle Printanzeigen – auf der Intention Aufmerksamkeit zu erregen bzw. die Zielperson zu aktivieren. Ausgelöst wird diese Aktivierung durch den zugleich emotional und kognitiv wirkenden Reiz in Form der Wortneubildung *Neid-Rider*, wobei das Aktivierungspotential zum einen in der Verfremdung von ‚Knight-Rider‘, zum anderen im Denotat des Wortes ‚Neid‘ liegt. Außerdem soll suggeriert werden, dass der *X-TRAIL* von *Nissan* – ebenso wie der ‚Knight-Rider‘ – außergewöhnliche Fahreigenschaften hat, über eine bessere Ausstattung als andere Fahrzeuge verfügt und deshalb Neid provoziert.

Insgesamt ist zu bemerken, dass die Neubildungen des Verfremdungstyps fast ausschließlich in den Schlagzeilen zu finden sind, die in erster Linie die Aufmerksamkeit der Zielpersonen erregen und sie zum Lesen der gesamten Anzeige verführen soll. Ebenfalls plausibel ist es, dass sich Fließtexte aufgrund ihrer argumentierenden Funktion nicht für die Verwendung von Wortspielen o.ä. anbieten. Äußerst selten begegnen verfremdete Bildungen innerhalb des Slogans, was hauptsächlich auf die durch die häufigen Wiederholungen hervorgerufenen Abnutzungseffekte zurückzuführen ist. Zudem ist es denkbar, dass durch die permanente Wiederholung einer Kombination aus Firmen- oder Markenname und Wortwitz das Image der Firma beschädigt wird bzw. diese an Seriosität verliert. So finden sich in Slogans nur sehr dezente Wortspiele auf der semantischen Ebene: z.B. Schwarzkopf: ***Hauptsache** schönes Haar. / Alles gut **bedacht**. Braas* (Dachsteine).

4.3.3   Typ 3: Verdunklung

Wie oben bereits näher ausgeführt wurde, handelt es sich in vielen Produktbereichen mittlerweile um gesättigte Märkte mit einer zunehmenden Homogenisierung der Produkte, weshalb vor allem durch die Anwendung von Kommunikationsstrategien versucht wird, Wettbewerbsvorteile zu erzielen, d.h. eine Unique Communication Proposition zu erreichen.

In diesem Zusammenhang lässt sich in den letzten Jahren ein immer stärker werdender Trend erkennen, der in die fachsprachliche Richtung geht und vorrangig den Bereich von Wortneubildungen betrifft. Es handelt sich hierbei um Wörter, bei deren Bildung originale Bestandteile fachsprachlicher Termini übernommen werden, um sozusagen im fachsprachlichen Sinne über wissenschaftlich-fachliche Sachverhalte zu kommunizieren. In Zusammenhang mit den Bildungen des Verkürzungstyps wurden bereits Beispiele explikativer Komposita diskutiert, die durch die Integration von Lexemen wie ‚Formel', ‚System' oder ‚Komplex' bei den Rezipienten ebenfalls Fachlichkeit bzw. Wissenschaftlichkeit suggerieren sollen.

Im Unterschied zu diesen Wörtern zeichnen sich die Bildungen des Verdunklungstyps durch eine wesentlich geringere Verständlichkeit aus. Sie werden vom Produzenten mit der Intention gebildet, für die Zielpersonen nicht verstehbar zu sein, sondern lediglich positive Konnotationen im Sinne von ‚wissenschaftlich-seriös' hervorzurufen. Als eine zentrale Bildung dieses Verdunklungstyps ist beispielsweise der in Zusammenhang mit einem Hautpflegeprodukt der Firma Arden verwendete Begriff *Alpha-Hydroxy-Stufenprogramm* anzusehen. Während das Grundelement ‚Stufenprogramm' durchaus ohne spezifische Vorkenntnisse interpretierbar ist, dürften sich bei den bestimmenden Bestandteilen schon deutliche Verständnisprobleme ergeben. So ist ‚Hydroxy-' zwar ein Wortbildungselement aus der Terminologie der Chemie, das das Vorhandensein einer an ein Kohlenstoffatom gebundenen Hydroxylgruppe anzeigt (z.B. Hydroxykarbonsäure) und ‚Alpha' ein terminologischer Bestandteil, der z.B. eine Abstufung kennzeichnen (z.B. Alphaalkoholiker) oder eine Rangordnung (z.B. Alphatier) angeben kann, jedoch ist erstens kaum vorstellbar, dass der durchschnittlich gebildete Leser diese Bedeutungen kennt und zweitens ermöglicht die Kombination beider – was den meisten Rezipienten der Anzeige aufgrund der fehlenden Vorkenntnisse nicht auffallen wird – auch in Verbindung mit ‚Stufenprogramm' keine schlüssige Interpretation. Das heißt es handelt sich um eine Komposition aus fachsprachlich konnotierenden Bildungselementen zu einer in semantischer Hinsicht leeren Bildung, die dem Zweck dient, das beworbene Produkt über die durch die Art der Kommunikation signalisierte scheinbare Wissenschaftlichkeit gegenüber konkurrierenden Angeboten abzuheben. In diesem Zusammenhang erweist sich die Tatsache, dass in Komposita die syntaktisch-semantischen Relationen nicht expliziert zu werden brauchen als großer Vorteil, da in Wirklichkeit solche Relationen entweder äußerst unklar oder auch gar nicht vorhanden sind. Eine in werbestrategischer Hinsicht ähnliche Funktion erfüllen Bildungen wie die Abkürzung *LC-1*, die sich in

Anzeigen, Spots oder auf Verpackungen diverser Milch- bzw. Joghurtprodukte findet. Zwar ist diese Abkürzung insofern von den Wörtern des Verdunklungstyps abzugrenzen, als dass es sich nicht um ein neugebildetes Wort mit unsinniger oder äußerst vager Bedeutung handelt, sondern um eine Verkürzung des biologischen Fachbegriffs ‚Lactobacillus johnsonii‘, jedoch muss in funktionaler Hinsicht davon ausgegangen werden, dass *LC-1* ebenso wie *Alpha-Hydroxy-Stufenprogramm* für den Rezipienten nicht verständlich sein, sondern lediglich wissenschaftliche Seriosität bzw. Fachlichkeit assoziieren soll.

Insgesamt ist für die Okkasionalismen des Verdunklungstyps festzustellen, dass solche zentralen Beispiele wie *Alpha-Hydroxy-Stufenprogramm*, bei denen weder die Bedeutung einzelner Bestandteile für die Zielpersonen eindeutig erschließbar noch die Bildung als Ganzes (auch nach genauer semantischer Analyse der Teile) sinnvoll interpretierbar ist, zahlenmäßig hinter den Bildungen stehen, die sich aus verschiedenen Gründen eher an der Peripherie dieses Typs befinden und in manchen Fällen auch nicht eindeutig von den fachsprachlich wirkenden Bildungen des Verkürzungstyps abzugrenzen sind. So ist die *Multi-Aktiv-Kraft* eines Waschmittels beispielsweise durchaus noch als elativische Hervorhebung – ähnlich wie ‚Superkraft‘ oder ‚Megakraft‘ – zu verstehen, während eine derartige Interpretation im Falle von *Multi-Aktiv-Serum* wohl nicht zutreffend wäre. Beispiele wie *Sauerstofftechnologie* oder *Pigment-Pflegesystem*, die jeweils im Zusammenhang mit Hautpflegeprodukten genannt werden, zeigen, dass in manchen Fällen zwar die Bedeutung der Teile für den durchschnittlich gebildeten Leser klar verständlich sein müsste, die Bedeutung des Kompositums aber unklar bzw. unsinnig ist, da eine Hautcreme weder ein Verfahren darstellt, Sauerstoff zu gewinnen bzw. die Haut mit Sauerstoff zu versorgen, noch in der Lage ist, die sich in den Zellen befindenden Pigmente zu pflegen.

In den Bereich des Verdunklungstyps gehören außerdem zahlreiche Bildungen, die Benennungen für technische Neuerungen darstellen. In der Automobilwerbung geht es dabei beispielsweise um Wörter wie *Steptronic* (*BMW*), *Multitronic* (*Chrysler*), *Tiptronic* (*Audi*), *Sequentronic* (*Mercedes*) oder *Easytronic* (*Opel*), die als Bezeichnungen für ein ‚Automatikgetriebe mit der zusätzlichen Möglichkeit einer manuellen Gangwahl‘ dienen. Der zweite Bestandteil dieser Bildungen assoziiert ‚elektronisch‘, die erste Komponente variiert innerhalb der einzelnen Firmen, womit dem Konsumenten suggeriert werden soll, dass es sich jeweils um eine firmenspezifische Neuerung handelt. Exemplarisch für die Bildungen dieses Typs soll schließlich eine Anzeige der Marke *Opel*[288] genauer erläutert werden. Es handelt sich dabei um eine zweiseitige Anzeige, wobei die beiden Anzeigenteile nicht unmittelbar hintereinander platziert wurden. Dadurch entsteht die Möglichkeit, mit der ersten Seite Neugier zu wecken bzw. Spannung aufzubauen. Auf der zweiten Seite werden dann Informationen gegeben, die die Neugier befriedigen bzw. die Spannung auflösen sollen, auf jeden Fall aber das Interesse der Leser auf das beworbene Produkt oder die beworbene Marke fokussieren.

---

[288] Vgl. Abb. 6.

Realisiert wird diese Strategie durch einen gelben Streifen (Gelb ist die Farbe der Marke *Opel*), der sich über beide Anzeigenteile erstreckt und damit jeweils im unteren Anzeigendrittel die als Hintergrund eingesetzten Bildmotive überlagert. Auf dem gelben Streifen befinden sich verschiedene Textelemente, wobei die Werbeaussage auf der ersten Anzeigenseite lautet: *Ich träume von einem Auto, das doppelt so viel Spaß macht wie andere.* Auf der zweiten Seite der Anzeige wird fortgesetzt: *Wir bauen Ihr Auto. Es läßt Ihnen die Wahl. Entweder selbst schalten – sportlich, per Schalthebel. Oder schalten lassen – bequem, per Automatik. Der Opel Corsa mit Easytronic.* Rechts neben dem Textelement stehen das Logo und der Slogan.

Bei dem seitenübergreifenden Textelement handelt es sich um eine Kombination aus Schlagzeile und Fließtext, die typischerweise innerhalb von zwei- oder mehrseitigen Anzeigen Verwendung findet. Im ersten Teil wird der fiktive Wunsch des potentiellen Konsumenten geäußert und damit zugleich der produktspezifische Zusatznutzen eingeführt. Der zweite Anzeigenteil beschreibt fließtextartig diesen Zusatznutzen näher und erklärt der Zielperson sozusagen die Neubildung *Easytronic*. Die Gestaltung der gesamten Anzeige basiert auf der Intention, über die Neuheit der Wortbildung *Easytronic* auch die Neuartigkeit eines solchen flexiblen Getriebes zu suggerieren. Gestützt wird diese Strategie durch die beiden Bildmotive, die jeweils Ausschnitte der Abbildung einer jungen Frau enthalten, die zugleich Pumps und Spike bzw. Seidenbluse und Trainingsjacke trägt, d.h. Eleganz und Dynamik in sich vereint – ebenso wie das beworbene Fahrzeug.

Die Neubildungen des Verdunklungstyps treten in den meisten Fällen sowohl in der Schlagzeile als auch im Fließtext auf; selten begegnen sie ausschließlich im Fließtext und niemals innerhalb eines Slogans. Das häufig kombinierte Vorkommen in Schlagzeile und Fließtext lässt sich damit begründen, dass der Schlagzeile als sprachlichem und typografischem Blickfang der Anzeige oft die Funktion übertragen wird, den produktspezifischen Zusatznutzen – d.h. im Falle der Wortbildungen des Verdunklungstyps der Unique Communication Proposition – zu thematisieren. Im Fließtext erfolgt dann eine scheinbare Erklärung dieses Zusatznutzens bzw. der neu gebildeten Wörter. Als Beispiel dafür ist die Schlagzeile *Der Oxygen-Straffungseffekt* und der dazugehörige Fließtext *Hautstraffende Body Lotion von Fa Wellness System. Der einzigartige Algen-Komplex Sauerstoff stimuliert die natürliche Zellaktivität Ihrer Haut: Sie wird glatt und straff – schon nach 3 Wochen... anzusehen.* Die Neubildung *Oxygen-Straffungseffekt* ist für den Rezipienten nicht eindeutig erschließbar, sondern referiert lediglich auf ‚einen positiven Effekt, der in Verbindung mit Sauerstoff entsteht' und auch im Fließtext nicht explizit erläutert wird.

Ziel dieser Arbeit war es, die in Werbeanzeigen auftretenden Wortneubildungen unter funktionalen Gesichtspunkten zu untersuchen. Dabei hat sich insgesamt gezeigt, dass die deutsche Zeitschriftenwerbung eine sehr große Anzahl an neuen Bildungen verzeichnet. Bezüglich der Verteilung der Wortneubildungen auf die drei wesentlichen Anzeigenelemente Schlagzeile, Fließtext und Slogan ist festzustellen, dass der deutlich überwiegende Teil in den Schlagzeilen, einige im Fließtext und nur einzelne im Slogan zu finden sind.

Als wichtigste außersprachliche Faktoren für die Entstehungs- und Rezeptionsbedingungen von Werbebotschaften sind die ständig wachsende Informationsüberlastung und die damit verbundene geringe Involviertheit der Konsumenten anzusehen. Daraus ergibt sich für die Gestaltung von Printanzeigen häufig eine Dominanz bildlicher Elemente sowie eine Beschränkung auf extrem wenig Text.

Die untersuchten Wortneubildungen entsprechen grundsätzlich alle – wenn auch in jeweils unterschiedlichem Maße – der Forderung nach Kürze des Textes bzw. Beschränkung auf möglichst wenige Einzelelemente, weil sie genuin ökonomischer sind als entsprechende Wortgruppen. Bei dem zahlenmäßig größten Teil der neuen Bildungen ist außerdem davon auszugehen, dass sprachökonomische Bestrebungen als das zentrale Bildungsmotiv anzusehen sind, d.h. sie sind vorrangig zu dem Zweck gebildet worden, den Anzeigentext bzw. das jeweilige Anzeigenelement zu verkürzen, wodurch dem Rezipienten ein schnelles und leichtes Erfassen der Werbebotschaft ermöglicht werden soll. Andere Wortneubildungen werden demgegenüber vor allem mit der Intention verwendet, die Aufmerksamkeit der Zielpersonen zu steuern, indem sie auffällig, provokant oder beispielsweise durch ihre Rätselhaftigkeit herausfordernd wirken. Außerdem finden sich neu gebildete Wörter deren zentrale Funktion eine suggestive ist.

Dementsprechend wird bei den in der Anzeigenwerbung auftretenden Wortneubildungen in funktionaler Hinsicht zwischen drei Typen unterschieden: Verkürzung, Verfremdung und Verdunklung.

Bei den Bildungen des Verkürzungstyps handelt es sich in der Regel um Wörter, die nach gängigen Wortbildungsmustern bzw. in Analogie zu gut ausgebauten Reihen gebildet worden sind, wodurch sie häufig nicht als neu empfunden werden und in keiner Weise auffällig erscheinen.

Die Wörter des Verfremdungstyps dienen auf verschiedene Weise der Aktivierung und Wahrnehmungssteuerung, indem sie gegen vorhandene Erwartungen und Schemavorstellungen verstoßen und beim Leser gedankliche Widersprüche auslösen bzw. ihn überraschen. Zu diesem Zweck wird bei der Bildung solcher Wörter zum einen von gängigen Wortbildungsmustern abgewichen, zum anderen wird bereits vorhandenes, eigenes oder bereits etabliertes fremdes Sprachmaterial (z.B. durch Wortspiele oder Spiele auf der Laut- und Schriftebene) so verfremdet, dass es auffällig wirkt.

Die Bildungen des Verdunklungstyps sollen positive Assoziationen im Sinne von ‚wissenschaftlich seriös‘ hervorrufen, indem sie (pseudo-)fachsprachliche Bestandteile enthalten. Dadurch wird die Verstehbarkeit für die Rezipienten in erheblichem Maße eingeschränkt.

Bezogen auf das Gesamtkorpus ist außerdem festzustellen, dass hinsichtlich der verwendeten Wortbildungsarten Komposita die zentrale Rolle spielen. Dieses Ergebnis ist insofern nicht überraschend, als die Komposition in der deutschen Gegenwartssprache die charakteristischste und produktivste Möglichkeit darstellt, mit Hilfe von lexikalisiertem Sprachmaterial neue Bedeutungseinheiten zu schaffen und in Bezug auf die formativstrukturelle und semantische Beschaffenheit der Konstituenten nur geringe Restriktionen aufweist.

Literaturverzeichnis

Nachschlagewerke

Bussmann, Hadumod (1990): Lexikon der Sprachwissenschaft. 2., völlig neu bearbeitete Aufl. Stuttgart.
Duden. Die deutsche Rechtschreibung. (2000), Bd. 1. Mannheim u.a.
Duden. Das große Fremdwörterbuch. Herkunft und Bedeutung der Fremdwörter. (2000). Mannheim u.a.

Literatur

Althans, Jürgen (1993): Klassische Werbeträger. In: Berndt, R. / Hermanns, A. (Hrsg.) (1993). S. 393–418.
Altobelli, Claudia Fantapié (1993): Charakterisierung und Arten der Werbung. In: Berndt, R. / Hermanns, A. (Hrsg.) (1993). S. 214–260.
Bajwa, Yahya Hassan (1995): Werbesprache – ein intermediärer Vergleich. Zürich.
Barz, Irmhild (1987/88): Okkasionalismen in Phraseologie und Wortbildung. Ein Vergleich. In: Brücken. Germanistisches Jahrbuch DDR–CSSR. (1987/88). S. 346–358.
Barz, Irmhild (1997): Die Ökonomie des Lexikons. Zum Kompositionsverhalten von Synonymen. In: Barz, Irmhild (Hrsg.) (1997). S. 265–275.
Barz, Irmhild (Hrsg.) (1997): Nominationsforschung im Deutschen. Festschrift für Wolfgang Fleischer zum 75. Geburtstag. Frankfurt a.M.
Baumgart, Manuela (1992): Die Sprache der Anzeigenwerbung. Eine linguistische Analyse aktueller Werbeslogans. Heidelberg. (= Konsum und Verhalten 37).
Behrens, Gerold (1996): Werbung. Entscheidung – Erklärung – Gestaltung. München.
Bergmann, Christian (1982): Zur Spezifik lexikalischer Normen. In: Beiträge zur Erforschung der deutschen Sprache 2. S. 82–87.
Berndt, Ralph (1993): Kommunikationspolitik im Rahmen des Marketing. In: Berndt, R. / Hermanns A. (Hrsg.) (1993). S. 3–18.
Berndt, Ralph (1995): Marketing 2. Marketing-Politik. Berlin u.a.
Berndt, Ralph / Hermanns, Arnold (1993): Handbuch Marketingkommunikation. Wiesbaden.
Bohmann, Stephanie (1996): Englische Elemente im Gegenwartsdeutsch der Werbebranche. Marburg.

BREKLE, HERBERT E. (1986): Bedingungen für die Aktualgenese deutscher Nominalkomposita. In: MEY, J.L. (Hrsg.) (1986): Language and discourse: test and protest. a festschrift for Petr Sgall. Amsterdam. S. 185–203.

BRUHN, MANFRED (1997): Kommunikationspolitik. München.

BRUHN, MANFRED (2003): Kommunikationspolitik. Systematischer Einsatz der Kommunikation für Unternehmen. München.

BÜHLER, KARL (1934): Sprachtheorie. Frankfurt a.M. u.a.

COULMAS, F. (1985): Lexikalisierung von Syntagmen. In: Handbuch der Lexikologie. Königstein/Ts. S.250–268.

DITTGEN, ANDREA MARIA (1989): Regeln für Abweichungen. Funktionale sprachspielerische Abweichungen in Zeitungsüberschriften, Werbeschlagzeilen, Werbeslogans. Frankfurt a.M. u.a.

EHMANN, HERMANN (1992): Jugendsprache und Dialekt. Regionalismen im Sprachgebrauch von Jugendlichen. Opladen.

EICHHOFF-CYRUS, KARIN M. / HOBERG, RUDOLF (Hrsg.) (2000): Die deutsche Sprache zur Jahrtausendwende. Sprachkultur oder Sprachverfall? Mannheim.

EICHINGER, LUDWIG M. (1982): Syntaktische Transposition und semantische Derivation. Die Adjektive auf -isch im heutigen Deutsch. Tübingen.

EICHINGER, LUDWIG M. (2000): Deutsche Wortbildung. Tübingen.

ENGEL, J.F. / BLACKWELL, R.D. / MINIARD, P.W. (1986): Consumer behavior. Chicago.

FELSER, GEORG (1997): Werbe- und Konsumentenpsychologie. Eine Einführung. Heidelberg u.a.

FINK, HERMANN (1995): Amerikanisierung in der deutschen Wirtschaft: Sprache, Handel, Güter und Dienstleistungen. Frankfurt a.M. u.a.

FINK, HERMANN (1997): Von „Kuh-Look" bis „Fit for Fun": Anglizismen in der deutschen Allgemein- und Werbesprache. Frankfurt a.M.

FIX, ULLA (1997): Kanon und Auflösung des Kanons. Typologische Intertextualität – ein „postmodernes" Stilmittel? Eine thesenhafte Darstellung. In: ANTOS, GERD / TIETZ, HEIKE (Hrsg.) (1997): Die Zukunft der Textlinguistik. Traditionen, Transformationen, Trends. Tübingen. S. 97–108.

FLEISCHER, WOLFGANG (1983a): Dynamik in Wortbildung und Wortschatz der deutschen Gegenwartssprache: Okkasionalismus und Neologismen. In: Germanistisches Jahrbuch DDR-UVR 1983. II. Jg. S. 41–53.

FLEISCHER, WOLFGANG (1983b): Wortbildung. In: Deutsche Sprache. Kleine Enzyklopädie. Leipzig. S. 237–273.

FLEISCHER, WOLFGANG / BARZ, IRMHILD (1995): Wortbildung der deutschen Gegenwartssprache. Tübingen.

FLUCK, HANS-RÜDIGER (1996): Fachsprachen. Einführung und Bibliographie. Tübingen.

FÖRSTER, HANS-PETER (1994): Corporate Wording. Konzepte für eine unternehmerische Schreibkultur. Frankfurt a.M.

FRITZ, THOMAS (1994): Die Botschaft der Markenartikel. Tübingen.

GALINSKY, HANS (1963): Stylistic Aspects of Language Borrowing. Part One. American-German Contacts. In: Jahrbuch für Amerikastudien 8. S. 98–135.

GASS, FRANZ ULRICH (1982): Der Werbetext. In: TIETZ, BRUNO (Hrsg.) (1982): Die Werbung: Handbuch der Kommunikations- und Werbewirtschaft. Landsberg am Lech. S. 1020–1039.

GLAHN, RICHARD (2000): Der Einfluß des Englischen auf gesprochene deutsche Gegenwartssprache. Eine Analyse öffentlich gesprochener Sprache am Beispiel von „Fernsehdeutsch". Frankfurt a.M. u.a.

GLOY, KLAUS (1987): Norm. In: AMMON, ULRICH et al. (Hrsg.) (1987): Soziolinguistik. Ein internationales Handbuch zur Wissenschaft von Sprache und Gesellschaft. Berlin u.a. S. 119–124.

GRIMM, HANS-JÜRGEN (1997): Konfixe. Beobachtungen in Tageszeitungen und in Wörterbüchern. In: BARZ, IRMHILD (Hrsg.) (1997). S. 277–284.

GROSSE, SIEGFRIED (1966): Reclamedeutsch. In: Wirkendes Wort 16. S. 89–104.

HANSEN, BARBARA / HANSEN, KLAUS / NEUBERT, ALBRECHT / SCHENTKE, MANFRED (1990): Englische Lexikologie. Einführung in Wortbildung und lexikalische Semantik. Leipzig.

HANTSCH, INGRID (1973): Zur semantischen Strategie in der Werbung. In: Sprache im technischen Zeitalter 42. S. 93–114. Wiederabgedruckt in: NUSSER, PETER. (Hrsg.) (1975): Anzeigenwerbung. Ein Reader für Studenten und Lehrer der deutschen Sprache und Literatur. München. S. 137–159.

HANTSCH, INGRID (1974): Textformanten und Vertextungsstrategien von Werbetexten. Ein systematisches Analyserepertoire. In: NUSSER, PETER. (Hrsg.) (1975): Anzeigenwerbung. Ein Reader für Studenten und Lehrer der deutschen Sprache und Literatur. München. S. 160–166.

HARTIG, MATTHIAS (1997): Erfolgsorientierte Kommunikation. Wege zur kommunikativen Kompetenz. Tübingen.

HEMMI, MARIA (1994): „Es muß wirksam werben, wer nicht will verderben". Kontrastive Analyse von Phraseologismen in Anzeigen-, Radio- und Fernsehwerbung. Bern u.a. (= Zürcher germanistische Studien 41).

HENNE, HELMUT (1986): Jugend und ihre Sprache. Darstellung, Materialien, Kritik. Berlin/New York.

HERBERG, DIETER (2001): Neologismen der Neunzigerjahre. In: STICKEL, GERHARD (Hrsg.) (2001): Neues und Fremdes im Deutschen Wortschatz: Aktueller lexikalischer Wandel. Berlin. New York. S. 89–104.

HERINGER, HANS JÜRGEN (1984a): Wortbildung. Sinn aus dem Chaos. In: Deutsche Sprache 12.Jg. 1984. S. 1–13.

HERINGER, HANS JÜRGEN (1984b): Gebt endlich die Wortbildung frei! In: Sprache und Literatur in Wissenschaft und Unterricht 53. S. 43–53.

HOBERG, RUDOLF (2000): Sprechen wir bald alle Denglisch oder Germeng? In: EICHHOFF-CYRUS, K. M. / HOBERG, R. (Hrsg.) (2000). S. 303–316.

JANICH, NINA (1997): Wenn Werbung mit Werbung Werbung macht... Ein Beitrag zur Intertextualität. In: Muttersprache 107. S. 297–309.

JANICH, NINA (1999a): Werbesprache. Ein Arbeitsbuch. Tübingen.

JANICH, NINA (1999b): Werbung als Medium der Popularisierung von Fachsprachen. In: NIEDERHAUSER, J. / ADAMZIK, K. (Hrsg.) (1999): Wissenschaftssprache und Umgangssprache im Kontakt. Frankfurt a.M. u.a. (= Germanistische Arbeiten zu Sprache und Kulturgeschichte). S. 139–151.

JUNG, HOLGER / MATT, JEAN-REMY VON (2002): Momentum. Die Kraft, die Werbung heute braucht. Berlin.

KÄGE, OTMAR (1980): Motivation. Probleme des persuasiven Sprachgebrauchs, der Metapher und des Wortspiels. Göppingen.

KELLER, INGRID G. / MODEL, ULRICH-THOMAS (1993): Realisation der Werbung. In: BERNDT, R. / HERMANNS, A. (Hrsg.) (1993). S. 495–520.

KNOP, SABINE DE (1987): Nominale Vergleichsbildungen oder metaphorische zusammengesetzte Normen? In: Linguistische Berichte. Heft 87. S. 3–17

KOCH, JÖRG (1999): Marketing. Einführung in die marktorientierte Unternehmensführung. München u.a.

KOTLER, PHILIP et al. (1999): Grundlagen des Marketing. München u.a.

KOTLER, PHILIP / BLIEMEL, FRIEDHELM (1992): Marketing-Management. Stuttgart.

KROEBER-RIEL, WERNER (1993a): Strategie und Technik der Werbung. Stuttgart u.a.

KROEBER-RIEL, WERNER (1993b): Bildkommunikation. Imagerystrategien für die Werbung. München.

KROEBER-RIEL, WERNER / MEYER-HENTSCHEL, GUNDOLF (1982): Werbung. Steuerung des Konsumentenverhaltens. Würzburg u.a.

KROEBER-RIEL, WERNER / WEINBERG, PETER (1999): Konsumentenverhalten. München.

KUSS, ALFRED/TOMCZAK, TORSTEN (2000): Käuferverhalten. Eine marketingorientierte Einführung. Stuttgart.

LANGER, INGHARD / SCHULZ VON THUN, FRIEDEMANN / TAUSCH, REINHARD (1974): Verständlichkeit in Schule, Verwaltung, Politik und Wissenschaft. München.

LEVINSON, STEPHEN C. (2000): Pragmatik. Tübingen.

LINDSAY, PETER H. / NORMAN, DONALD A. (1981): Einführung in die Psychologie. Informationsaufnahme und -verarbeitung beim Menschen. Berlin u.a.

LIPKA, LEONHARD (1994): Wortbildung, Metapher und Metonymie – Prozesse, Resultate und ihre Beschreibung. In: STAIB, BRUNO (Hrsg.) (1994): Wortbildungslehre (= Münstersches Logbuch zur Linguistik 5/1994). Münster u.a. S. 1–15.

MATUSSEK, MAGDALENA (1994): Wortneubildung im Text. Hamburg.

MAYER, HANS / ILLMANN, TANJA (2000): Markt- und Werbepsychologie. Stuttgart.

MEFFERT, HERIBERT (1992): Marketingforschung und Käuferverhalten. Wiesbaden.

MEFFERT, HERIBERT (1994): Marketing-Management. Analyse-Strategie-Implementierung. Wiesbaden.

MEFFERT, HERIBERT (Hrsg.) (1997): Lexikon der aktuellen Marketing-Begriffe. Frankfurt a.M.

MEYER-HENTSCHEL, GUNDOLF (1988): Erfolgreiche Anzeigen. Kriterien und Beispiele zur Beurteilung und Gestaltung. Wiesbaden.

MÖCKELMANN, JOCHEN / ZANDER, SÖNKE (1975): Form und Funktion der Werbeslogans. Untersuchung der Sprache und werbepsychologischen Methoden in den Slogans. (= Göppinger Arbeiten zur Germanistik 26).

MOSER, KLAUS (1990): Werbepsychologie. München.

MOTSCH, WOLFGANG (1999): Deutsche Wortbildung in Grundzügen. Berlin, New York.

MÜLLER-BOLLHAGEN, ELGIN (1985): Überraschungsfrikadelle mit Chicoréegemüse und Folienkartoffel. Zur Frage „Usuelle oder nichtusuelle Wortbildung?" Untersucht an Substantivkomposita in Kochrezepten. In: KOLLER, E. / MOSER, H. (Hrsg.) (1985): Studien zur deutschen Grammatik. Johannes Erben zum 60.Geburtstag (= Innsbrucker Beiträge zur Kulturwissenschaft. Germanistische Reihe 25). Innsbruck.

OLSEN, SUSAN (1986): Wortbildung im Deutschen. Eine Einführung in die Theorie der Wortstruktur. Stuttgart.

ORTNER, HANSPETER / ORTNER, LORELIES (1984): Zur Theorie und Praxis der Kompositaforschung. Tübingen.

ORTNER, LORELIES / MÜLLER-BOLLHAGEN, ELGIN et al. (1991): Deutsche Wortbildung. Typen und Tendenzen in der Gegenwartssprache. 4. Hauptteil: Substantivkomposita (Komposita und kompositionsähnliche Strukturen 1). Berlin/New York.

PAUL, HERMANN (1886): Prinzipien der Sprachgeschichte. Halle.

PETTY, R.E. / CACIOPPO, J.T. / SCHUMANN, D. (1983): Central and peripheral routes to advertising effectivenes: the moderating role of involvement. In: Journal of Consumer Research. Vol. 10. No. 2. S. 135–146.

PFITZNER, JÜRGEN (1978): Der Anglizismus im Deutschen. Ein Beitrag zur Bestimmung seiner stilistischen Funktion in der heutigen Presse. Stuttgart.

PLANK, F. (1981): Morphologische (Ir-) Regularitäten. Aspekte der Wortstrukturtheorie. Tübingen.

PÖRINGS, RALF / SCHMITZ, UWE (Hrsg.) (1999): Sprache und Sprachwissenschaft. Eine kognitiv orientierte Einführung. Tübingen.

PÖRKSEN, UWE (1988): Plastikwörter. Die Sprache einer internationalen Diktatur. Stuttgart.

PÜMPEL-MADER, MARIA / GASSNER-KOCH, ELSBETH / WELLMANN, HANS / ORTNER, LORELIES (1992): Deutsche Wortbildung. Typen und Tendenzen in der Gegenwartssprache. 5. Hauptteil: Adjektivkomposita und Partizipialbildungen (Komposita und kompositionsähnliche Strukturen 2). Berlin/New York.

REGER, HARALD (1980): Metaphern und Idiome in szenischen Texten in der Werbe- und Pressesprache. Hamburg.

REIN, KURT (1988): Zu Wortbildung und Wortwahl im heutigen Werbedeutsch. In: MUNSKE et al. (Hrsg.)(1988): Deutscher Wortschatz. Berlin/New York. S. 464–489.

RÖMER, RUTH (1980): Die Sprache der Anzeigenwerbung. Düsseldorf. (= Sprache der Gegenwart 4).

SANDER, MATTHIAS (1993): Der Planungsprozeß der Werbung. In: BERNDT, R. / HERMANNS, A. (Hrsg.) (1993). S. 261–284.

SANDT, BJÖRN / ROHDE, UWE (1993): Copystrategische Grundlagen der Werbung. In: BERNDT, R. / HERMANNS, A. (Hrsg.) (1993). S. 317–331.

SAUER, NICOLE (1998): Werbung – wenn Worte wirken. Ein Konzept der Perlokution, entwickelt an Werbeanzeigen. Münster u.a.

SAUER, NICOLE (2002): Corporate Identity in Texten. Normen für schriftliche Unternehmenskommunikation. Berlin.

SCHLOBINSKI, PETER / KOHL, GABY / LUDEWIGT, IRMGARD (1993): Jugendsprache. Fiktion und Wirklichkeit. Opladen.

SCHNIERER, THOMAS (1999): Soziologie der Werbung. Ein Überblick zum Forschungsstand einschließlich zentraler Aspekte der Werbepsychologie. Opladen.

SCHÜTTE, DAGMAR (1996): Das schöne Fremde. Opladen.

SCHWEIGER, GÜNTER / SCHRATTENECKER, GERTRAUD (1992): Werbung. Eine Einführung. Stuttgart u.a.

SHERMAN, J.L. / KULHAVY, R.W. / BURNS, W.(1976): Cerebral laterality and verbal processes. In: Journal of Experimental Psychology: Human Learning and Memory. Vol.2. No.3. S. 720–727.

SOWINSKI, BERNHARD (1998): Werbung. Tübingen. (= Grundlagen der Medienkommunikation 4).

SPILLNER, BERND (1985): Zur Kompositabildung in der deutschen Werbesprache. In: HEINTZ, G. / SCHMITTER, P. (Hrsg.) (1985): Collectanea Philologica. Festschrift Helmut Gipper zum 65. Geburtstag. Bd. 2. Baden-Baden. (= Saecula Spiritualia 15). S. 715–723.

STEFFENHAGEN, HARTWIG (1984): Kommunikationswirkung – Kriterien und Zusammenhänge. Hamburg.

STEFFENHAGEN, HARTWIG (1993): Werbeziele. In: BERNDT, R. / HERMANNS, A. (Hrsg.) (1993). S. 285–300.

STEPANOVA, MARIA DMITRIEVNA (1979): Norm und System in der Wortbildung der deutschen Gegenwartssprache. In: Linguistische Studien. Reihe A. Heft 63. Berlin. S. 61–72

STEPANOVA, MARIA DMITRIEVNA / FLEISCHER, WOLFGANG (1985): Grundzüge der deutschen Wortbildung. Leipzig.

SULS, J.M. (1983): Cognitive process in humor appreciation. In: MCGHEE, P.E. & GOLDSTEIN, J.H. (Hrsg.) (1983): Handbook of humor research. Bd. 1. New York. S. 39–58.

WEINRICH, HARALD (1993): Textgrammatik der deutschen Sprache. Mannheim u.a.

WELLMANN, HANS (1975): Deutsche Wortbildung. Typen und Tendenzen in der Gegenwartssprache. Zweiter Hauptteil: Das Substantiv. Düsseldorf.

WELLMANN, HANS (1984): Die Wortbildung. In: DROSDOWSKI, GÜNTHER (Hrsg.) (1984): Grammatik der deutschen Gegenwartssprache. Mannheim. S. 386–501.

WILDGEN, W. (1982a): Zur Dynamik lokaler Kompositionsprozesse. Am Beispiel nominaler ad-hoc-Komposita im Deutschen. In: Folia Linguistica 16. S. 297–344.

WILDGEN, W. (1982b): Makroprozesse bei der Verwendung nominaler ad-hoc-Komposita im Deutschen. In: Deutsche Sprache 10. S. 237–257.

WILSS, WOLFRAM (1985): Zur Produktion und Rezeption von Wortbildungserscheinungen. In: Zeitschrift für germanistische Linguistik 13. S. 278–294.

ZIELKE, ACHIM (1991): Beispiellos ist beispielhaft oder: Überlegungen zur Analyse und zur Kreation des kommunikativen Codes von Werbebotschaften in Zeitungs- und Zeitschriftenanzeigen. Pfaffenweiler.

Zeitschriften, aus denen das Korpus bezogen wurde

AUTOBILD: Erscheinungsweise: wöchentlich. Erscheinungsort: Hamburg. Verlag: Axel-Springer-Verlag AG.

BRIGITTE: Erscheinungsweise: 14tägig. Erscheinungsort: Hamburg. Verlag: Gruner & Jahr AG & Co.

BUNTE: Erscheinungsweise: wöchentlich. Erscheinungsort: Offenburg. Verlag: Burda-Verlag.

CAPITAL: Erscheinungsweise: 14tägig. Erscheinungsort: Hamburg. Verlag: Gruner & Jahr AG & Co.

DEUTSCHES ÄRZTEBLATT: Erscheinungsweise: wöchentlich. Erscheinungsort: Köln. Verlag: Deutscher-Ärzte-Verlag.

FÜR SIE: Erscheinungsweise: 14tägig, Erscheinungsort: Hamburg, Verlag: Jahreszeiten-Verlag GmbH.

PETRA: Erscheinungsweise: monatlich, Erscheinungsort: Hamburg, Verlag: Jahreszeiten-Verlag GmbH.

SCHÖNER WOHNEN: Erscheinungsweise: monatlich, Erscheinungsort: Hamburg, Verlag: Gruner & Jahr AG & Co.

DER SPIEGEL: Erscheinungsweise: wöchentlich, Erscheinungsort: Hamburg, Verlag: Spiegel-Verlag Rudolf Augstein GmbH & Co. KG.

STERN: Erscheinungsweise: wöchentlich, Erscheinungsort: Hamburg, Verlag: Gruner & Jahr AG & Co.